AI와 조직 커뮤니케이션

AI문고

인공지능 시대입니다. 기계가 인간의 인지를 대신하고, 사물이 인간을 통하지 않고 다른 사물과 직접 커뮤니케이션합니다. 이에 따른 인간 삶과 문명 변화를 정확히 이해·예측·대응하는 것은 이 시대 우리 모두의 과제입니다. AI문고는 인공지능 기술과 환경의 여러 주제를 10가지 키워드로 정리합니다. 관련 개념과 이론, 학계와 산업계의 쟁점, 우리 일상의 변화를 다룹니다. 인간과 기술의 현재, 미래를 세심히 분석합니다.

일러두기

- 인명, 작품명, 저서명, 개념어 등은 한글과 함께 괄호 안에 해당 국가의 원어를 병기했습니다.
- 외래어 표기는 현행 어문규정의 외래어표기법을 따랐습니다.

처음이세요?

전문가세요?

AI와 조직 커뮤니케이션

오창우

대한민국, 서울, 커뮤니케이션북스, 2025

AI와 조직 커뮤니케이션

지은이 오창우
펴낸이 박영률

초판 1쇄 펴낸날 2025년 6월 30일

커뮤니케이션북스(주)
출판 등록 2007년 8월 17일 제313-2007-000166호
02880 서울시 성북구 성북로 5-11
전화(02) 7474 001, 팩스(02) 736 5047
commbooks@commbooks.com
www.commbooks.com

ISBN 979-11-430-0273-0 03500

책값은 뒤표지에 표시되어 있습니다.

차례

AI는 우리의 삶을 얼마나 변화시킬까?

기획재정부는 2017년 『시사경제용어사전』에서 4차 산업혁명(Industry 4.0, Fourth Industrial Revolution)을 "물리 세계, 디지털 세계, 그리고 생물 세계가 융합되어 경제와 사회의 모든 영역에 영향을 미치게 하는 새로운 산업 시대"로, "사물 인터넷(IoT), 로봇 공학, 가상 현실(VR) 및 AI와 같은 혁신적인 기술이 우리가 살고 일하는 방식을 변화시키는 현재와 미래"로 정의한 바 있다.

2024년부터 인공지능(AI) 시대의 도래에 대한 논의가 본격화되면서 전 산업군에서 AI 기반 설루션(solution) 출시가 '봇물'을 이루고 있다. 사실 AI는 여러 산업에 걸쳐 상당한 이점을 제공하여 생산성을 높이고, 더 나은 의사 결정을 가능하게 하며, 혁신을 촉진하고 있다.

AI가 다양한 분야에 가져다주는 주요 이점으로는 효율성과 생산성 향상, 24시간 가용성 및 지속적인 운영, 인적 오류 감소, 방대한 데이터의 신속한 수집과 분석, 노동 집약적 작업의 자동화로 비용 절감 및 운영 영역의 확장, 위험 예측 기반의 안전 강화, 위험 예방 및 관리, 데이터 기반 알고리즘 운영으로 편견 없는 데이터 중심의 의사 결정, 머신 러닝을 통한 지속적인 학습 및 개선, 개인 선호도 기반의 개인화된 추천 제공과 사용자 경험 향상, 산업 전반에 걸쳐 새로운 가능성 향상과 혁신의 촉진 등이 있다. 이를 통하여 AI는 인류 사회 전체의 기술적 진보와 변혁을 가능하게 할 것으로 보인다.

물론 AI는 이러한 수많은 장점과 이점에도 불구하고 여전히 많은 문제점과 한계를 지니고 있다. 우선 AI 시스템의 연구, 개발 및 배포를 위해서는 상당한 규모의 재정적 자원이 필요하며 업데이트, 유지 관리 및 문제 해결을 위해서도 지속적인 투자가 필수적이다. 또 AI는 대규모 데이터 세트를 처리하고 미리 정의된 작업을 실행하는 데 놀라운 능력을 발휘하지만 독창적인 사고, 공감 또는 감정적 참여가 필요한 작업에서는 일정한 한계를 드러낸다. 일례로 AI는 음악이나 예술품을 만들어 낼 수 있지만 인간이 창의적인 작업에 주입하는 의도와 감정까지 복제하지는 못한다.

AI가 상당한 정도로 인간의 일자리를 빼어 갈 것이라는 우려도 존재한다. 이러한 우려는 제조업이나 수작업에 의존하는 산업 영역에서 더욱 심각하게 나타날 수 있는데, AI 시스템이 유능해질수록 인간이 개입할 여지를 줄여서 경제적 불평등을 야기할 가능성도 있다. 또 AI는 특히 감시, 데이터 수집 및 의사 결정을 위해 사용될 때 심각한 윤리적 문제 및 개인 정보 보호 문제를 야기한다. AI 사용을 둘러싼 명확한 규정이 없는 경우 프라이버시와 인권을 둘러싼 문제점이 제기될 수 있다.

종종 AI 알고리즘이 생성하는 편향성도 문제점으로 지적된다. 일례로 편향된 데이터 세트에서 훈련된 채용 알고리즘은 특정 배경의 후보자를 다른 배경의 후보자보다 선호하여 직장 선택 과정에서의 불평등을 영속화할 수 있다. 편향된 알고리즘은 불공정한 체포, 대출 거부 또는 채용 결정으로 이어질 수 있다.

한편 AI 시스템에 대한 과도한 의존은 비판적 사고의 결여, 문제 해결 및 의사 결정 능력의 약화와 같은 문제점을 야기할 수 있다. 예를 들어 자동화된 의사 결정 도구는 인간 참여의 필요성을 줄여 근로자가 중요한 결정을 내리는 경험을 제한하기도 한다. 또 AI 시스템에 의한 결정 과정은 투명성을 약화할 수도 있다. 특히 딥러닝 알고리즘은 전문가조차도 내부 작동 방식을 이해할 수 없는 '블랙박스'이기도 하다.

AI 기술은 악의적인 목적을 위한 무기가 될 수도 있고 심각한 보안 위험을 초래하기도 한다. 딥페이크 기술은 가짜 영상을 만들어 각종 사기 행각에 이용되기도 하고 해커는 AI를 사용하여 더욱 정교한 사이버 공격을 계획할 수도 있다.

딥 뉴럴 네트워크와 같은 고급 AI 모델을 훈련시키기 위해서는 상당한 연산 능력이 필요해, 이 과정에서 에너지 소비를 늘리기도 한다. 일례로 GPT와 같은 대규모 모델을 훈련하는 데는 여러 가구가 1년에 사용하는 전기 에너지가 소모된다.

삶의 변화

AI의 이러한 단점에도 불구하고 헬스케어, 금융 분야, 교통 분야, 리테일 및 마케팅 등에서 변혁적인 역할을 수행하고 있는 것이 사실이다. 특히 리테일과 마케팅 분야에서 AI는 고객 선호도와 구매 내역에 따라 제품을 추천하고 개인화된 쇼핑 경험을 향상하고 있다. 공급망 관리에서 AI는 수요를 예측하고 재고를 최적화하여 낭비를 줄이고 효율성을 개선해 준다. AI 기반 챗봇은 24시간 고객 지원을 제공하여 고객 참여와 충성도를 높여 주기도 한다. 그러나 이러한 이점에도 불구하고 데이터 프라이버시에 대한 우려가 제기되고 있고, 리테일러가 방대한 양의 개인 데이터를 수집하는 과정에서 프라이버시 침해 및 데이터 오용 문제가 야기된다.

AI의 발전으로 기계가 달성할 수 있는 것의 경계가 확장됨에 따라 AI가 미치는 영향력은 엄청난 잠재력을 가지고 있다. 양자 컴퓨팅은 더 빠른 데이터 처리를 가능하게 하고 고전적 컴퓨터의 기능을 넘어서는 복잡한 문제를 해결함으로써 AI에 혁명을 일으킬 것이다. 이러한 계산 능력의 도약은 약물 발견, 최적화 알고리즘 및 기후 모델링 등에서 새로운 가능성을 열어 줄 것이다.

생성형 AI 시스템은 기계 자체가 학습 능력을 갖추고 있어서 활용할 수 있는 데이터 양이 늘어날수록 그 능력은 무한으로 증가할 것이다. 그러나 AI의 부상으로 가장 심각한 문제는 이로 인한 윤리적 과제를 어떻게 해결하느냐다. AI가 인간의 가치와 사회적 규범에 맞춰 작동하도록 하려면 AI 윤리와 거버넌스를 위한 견고한 프레임워크가 필요하다. 특히 알고리즘의 편향성, 투명성, 책임성과 같은 문제는 AI 시스템에 대한 신뢰를 구축하기 위해 해결해야 할 과제다. 정부와 조직은 AI가 책임감 있게 사용되도록 하기 위한 윤리적 지침과 규정을 수립해야 한다.

또 AI 시스템의 보편화로 인한 일자리 대체와 노동력 재교육의 필요성이 제기된다. 정책 입안자는 AI 주도 경제에 필요한 기술을 사람들에게 제공하는 교육 및 훈련 프로그램에 투자하여 이러한 변화에 대비해야 한다. AI가 일상적인 업무를 자동화함에 따라 인간은 창의성과 비판적 사고를 기반으로 하는 새로운 역할을 수행해야 한다.

AI의 미래는 전례 없는 기회를 약속하지만, 이로 인한 위험을 관리하기 위한 신중한 계획과 거버넌스 문제를 해결해야 한다. AI의 잠재력을 최대한 활용하려면 기업과 사회 영역에서 AI를 통한 혁신과 책임 있는 거버넌스 간의 균형을 맞춰야만 한다. 윤리적 프레임워크를 확립하고 투명성을 증진하며 인력 재교육에 투자하는 것이 AI 과제를 해결하는 데 필수적이다. 기술적 발전을 사회적 가치와 일치시킴으로써 AI가 긍정적인 변화의 원동력이 되어 개인과 커뮤니티의 웰빙을 보호하면서 진보를 이끌 수 있도록 해야 한다.

01
성공적인 AI 활용 사례

조직 커뮤니케이션 과정에 AI를 가장 성공적으로 활용한 사례들을 살펴보고, AI의 어떤 특징들이 성공적인 커뮤니케이션을 가능하게 했는지를 살펴보고자 한다. 아울러 조직 내 AI의 성공적인 도입을 위해서는 어떤 조직 구조와 조직 문화가 전제되어야 하는지를 살펴볼 것이다.

AI와 1인 창업?

AI 활용 사례

알리바바에서 아마존에 이르기까지 전 세계의 모든 기술 거인들은 AI 분야에서 세계적 리더가 되기 위해 노력하고 있다. 이러한 기업들은 AI 선구자이며 AI를 통해 차세대 제품과 서비스 제공을 준비하고 있다. 이러한 기업들이 실제로 AI를 활용한 사례 중 가장 성공적인 8가지 사례를 보자.

알리바바

중국 기업 알리바바는 아마존과 이베이를 합친 것 이상의 매출을 올리는 세계 최대 전자 상거래 플랫폼이다. AI는 알리바바의 일상 업무에 필수 요소가 되었으며 고객이 무엇을 사고 싶어 하는지를 예측하는 데 사용된다. 자연어 처리를 통해 이 회사는 사이트에 등록되는 제품 설명을 자동으로 생성한다. 알리바바가 AI를 사용하는 또 다른 방법은 스마트 시티 구축 사업(City Brain Project)이다. 이 프로젝트는 AI 알고리즘을 활용하여 도시의 모든 차량을 모니터링하며, 이를 통해 교통 체증을 줄이기 위한 것이다. 또 알리바바는 알리바바 클라우드라는 클라우드 컴퓨팅 부문을 통해 농부가 작물을 모니터링하여 수확량을 개선하고 비용을 줄일 수 있도록 한다.

알파벳-구글

알파벳의 자율 주행 기술 부문인 웨이모(Waymo)는 구글의 프로젝트로부터 시작되었다. 오늘날 웨이모는 사람들을 이동시킬 뿐만 아니라 충돌 사고를 줄이기 위한 자율 주행 기술을 전 세계에 확산시키고 있다. 이미 캘리포니아에서 자율 주행 택시를 무료 시험 운행하고 있지만 현재는 인간 운전자가 운전석에 앉아 있다. 구글은 딥마인드를 인수하면서 딥러닝을 사업에 적극적으로 활용할 계획을 수립했다. 이 시스템은 49가지의 다양한 아타리(Atari) 게임 방법을 학습했을 뿐만 아니라 알파고(AlphaGo) 프로그램은 바둑에서 프로선수를 이기기도 했다. 구글의 다른 AI 혁신은 구글 듀플렉스(Duplex) 프로젝트다. 이 프로젝트는 자연어 처리를 사용하여 AI 음성 인터페이스로 전화를 걸고 대신 약속을 잡아 준다.

아마존

아마존은 디지털 음성 비서 알렉사(Alexa)를 통해 AI를 실현하고 있고 여러 사업 영역으로 AI 활용을 확장하고 있다. 특히 아마존은 AI를 활용하여 소비자들이 구매를 생각하기도 전에 특정한 제품에 소비자들이 노출되도록 하고 있다. AI가 각 개인의 구매 습관에 대한 데이터를 수집하고 수집한 데이터를 바탕으로 고객에게 관심 품목을 추천하여 구매를 유도하며, 나아가 이러한 예측 분석을 사용하여 소비자가 필요로 하는 제품을 미리 추측한다. 많은 오프라인 매장이 소비자와의 관련성을 유지하기 위하여 노력하는 동안에 미국 최대 전자 소매업체 아마존고(Amazon Go)라는 새로운 마트 콘셉트를 실현했다. 다른 매장과 달리 체크아웃을 필요로 하지 않으며 AI 기술을 통해 매장에서 고객이 픽업한 품목을 추적한 다음, 휴대전화의 아마존고 앱을 통해 해당 품목에 대한 요금을 자동으로 청구하고 있다.

애플

애플은 아이폰(iPhone) 및 애플 워치(Apple Watch)와 같은 가전제품과 컴퓨터 소프트웨어 및 온라인 서비스를 판매하는 세계 최대의 기술 회사 중 하나다. 애플은 아이폰과 같은 제품에서 AI와 머신 러닝을 사용하여 얼굴 인식(FaceID) 기능을 활성화하거나 에어팟(AirPods), 애플 워치 또는 홈팟(HomePod) 스마트 스피커와 같은 제품에서 스마트 어시스턴트 시리(Siri)를 활성화한다. 애플은 또한 서비스 제공을 확대하고 있으며 AI를 사용하여 애플 뮤직(Apple Music)에서 노래를 추천하고 아이클라우드(iCloud)에서 사진을 찾거나, 지도를 사용하여 다음 회의로 이동하는 데 도움을 준다.

페이스북

페이스북은 AI와 딥러닝을 활용하는 주요 방법 중 하나인 사람 수준의 정확도로 언어를 이해할 수 있는 딥텍스트(DeepText)를 개발했다. 딥텍스트는 페이스북에 탑재되어 매초 게시하는 수천 개의 게시물(20개 이상의 언어)의 내용과 감정을 자동으로 이해하고 해석한다. 딥페이스(DeepFace)를 사용하면 소셜미디어 거대 기업은 플랫폼에서 공유되는 사진에서 사용자를 자동으로 식별할 수 있는데, 이 기술은 민감도가 뛰어나 인간보다 훨씬 더 얼굴 인식에 더 능숙하다. 이 회사는 또한 AI를 사용하여 사이트에 성적 내용의 이미지를 자동으로 포착하여 제거한다.

아이비엠

아이비엠의 딥블루(Deep Blue) 컴퓨터가 세계 체스 인간 챔피언을 정복한 지 20년이 넘었다. 이 회사는 이후 왓슨(Watson) 컴퓨터로 게임 쇼 〈제퍼디(Jeopardy)〉에서 우승하는 등 인간 대 기계 사이의 경쟁에서 우위를 차

지했다. 2012년 아이비엠은 인간과 의미 있게 토론에 참여하도록 설계된 최초의 AI 시스템, 프로젝트 디베이터(Project Debater)를 개발했다. 2012년 이스라엘 하이파에 있는 아이비엠 리서치의 연구실에서 처음 만들어진 프로젝트 디베이터는 수십억 개의 문장을 스캔하여 주어진 주제에 대한 입장을 생성한다. 프로젝트 디베이터는 데이터를 기반으로 연설문을 작성 및 전달할 수 있고, 인간의 주장을 이해하고 반박할 수 있으며, 고유한 지식 그래프를 기반으로 원칙적인 주장을 형성하는 능력을 발휘한다.

마이크로소프트

AI는 마이크로소프트의 비전 선언문에 등장하는 용어로, 모든 일에 스마트 머신을 중심에 두고 있다는 사실을 보여 준다. 코타나(Cortana), 스카이프(Skype), 빙(Bing), 오피스 365(Office 365)를 포함한 모든 제품과 서비스에 지능형 기능을 통합하고 있으며, 세계에서 가장 큰 '서비스형 인공지능(AI as a Service, AIaaS)' 공급업체 중 하나다.

텐센트

중국 소셜미디어 기업 텐센트는 존경받는 인터넷 기업이 되기 위한 노력의 일환으로 AI를 전체 운영 프로세스에 통합하고 있다. 10억 명의 사용자가 앱 위챗(WeChat)을 사용하고 있으며 회사는 게임, 디지털 보조, 모바일 결제, 클라우드 스토리지, 라이브 스트리밍, 스포츠, 교육, 영화, 심지어 자율 주행차에 이르기까지 영역을 확장했다. 회사의 슬로건 중 하나는 "모든 것에 AI를"이다. 텐센트는 고객에 대한 엄청난 양의 정보를 수집하고 AI를 활용한 통찰력을 발휘하여 회사에 유리하게 활용하고 있다.

성공적인 운영을 위한 6가지

AI 설루션(solution)을 적절하게 활용하면 제조 효율성을 개선하고 회사 위험을 식별하여 수익을 극대화할 수 있다. 동시에 범위가 잘못 지정되거나 잘못 구현된 AI 프로젝트는 수백만 달러의 비용을 초래하면서도 긍정적인 투자 수익률(ROI)을 가져오지 못한다.

AI를 활용한 운영에 성공하기 위한 가장 좋은 방법은 처음부터 업계 모범 사례에 익숙해지는 것이다. 즉, 출발 시점부터 적절한 인원, 프로세스 및 기술 계획이 있는지를 확인해야 한다.

핵심적인 비즈니스 문제가 무엇인가?

가장 중요한 AI 원칙은 AI나 분석 설루션으로 해결하고 싶은 핵심적인 비즈니스 문제가 무엇인지를 규정하는 것이다. 보통 특정 비즈니스 문제보다 활용할 기술을 먼저 채택하는 경우 바람직하지 않은 결과를 가져올 가능성이 크다. 그래서 핵심 비즈니스 문제를 바탕으로 해당 문제를 해결할 수 있는 팀과 기술의 능력을 비교 평가한 다음, 파일럿 프로젝트를 통해 성능 테스트를 해야 한다. 처음부터 비즈니스 성과를 염두에 두면 책임감과 집중력을 높여 모든 단계에서 AI 시스템을 제대로 활용할 수 있게 된다.

데이터를 자산으로 취급하라

오늘날 성공적인 회사들은 회계 직원을 고용하고, 최고 수준의 최고재무책임자(CFO)를 찾고, 정교한 ERP(ERP는 Enterprise Resource Planning의 약칭이며 조직이 회계, 조달 및 제조 등 일상 업무 활동을 관리하기 위해 사용하는 시스템 및 소프트웨어 패키지)를 구현한다. 그것은 비용 대비 수익의 극대화를 위한 노력이지만 이 과정에서 데이터를 같은 정도로 중요하게 다루는 회사는 거의 없다. 모든 회사가 AI 설루션을 구현하기 전에 데이터 자산을 수집, 저장, 관리하는 방법을 모색함으로써 데이터가 컴퓨터 안에 죽은 채로 존재하지 않도록 해야 한다.

과장된 기대치를 경계하라

AI는 최근 몇 년 동안 가장 과장된 주제 중 하나였으며, 컨설턴트와 PR 담당자는 AI를 자신들의 업무 영역에 제대로 활용하지 못하고 있다.

기업 리더들은 AI가 얼핏 좋아 보여도 현실적으로 적용하기가 쉽지 않다는 사실을 인식해야 한다. 상식에 기반하여 실현 가능한 프로젝트부터 시작해야 한다. AI 및 고급 분석 프로젝트 관리자의 경우, 처음부터 고객을 학습하는 데 시간과 노력을 기울임으로써 적절한 기대치를 설정하고 고객의 환멸을 피해야 한다. 따라서 AI에 대한 지나친 기대를 경계해야 한다.

재능을 제대로 활용하라.

AI 이용에서는 적절한 인력 자원의 확보가 성공과 실패를 결정짓는 요인이다. 오늘날 강력한 소프트웨어 설루션이 무료(오픈 소스)이거나 클라우드를 통해 제공되고 있기 때문에, 회사가 경쟁 우위를 확보하는 것은 기술이 아니라 디지털 인재로부터 비롯되는 경우가 많다. AI에서 성공하려면 회사가 최고의 기술 인재를 고용하고 유지하기 위한 분명한 계획을 수립해야 한다.

효과적인 AI 설루션을 제공하려면 모든 데이터 세트를 보관할 수 있는 충분한 저장 용량과 필요한 계산을 빠르게 처리할 수 있는 컴퓨팅 능력을 갖춘 기본 데이터 인프라가 필요하다. 그러나 이보다 더 중요한 사실은 데이터 인프라가 관리하기 쉽고 운영하기 쉬워야 한다는 것이다. 클라우드 환경하에서의 AI 시스템은 필요에 따라 리소스를 확장하거나 축소할 수 있는 기능을 제공한다. 또 종종 몇 번의 클릭만으로 가능하게 되기도 하지만 온프레미스(On-premise: AI 시스템 구축 옵션으로 주로 데이터 보안과 완전한 통제) 인프라에 의존하면 회사에서 비즈니스에 필요한 속도로 구성을 변경하기가 어려워지는 경향이 있다. 데이터 팀이 대부분의 시간을 인프라 관리에 쓰는 것이 아니라 가치를 창출하기 위해서는 클라우드 기반 데이터 인프라 접근 방식이 효과적이다.

비즈니스-기술 전환 전문가를 고용하라.

성공적인 분석을 위해서는 데이터와 비즈니스 전문성을

모두 갖춘 팀이 필요하다. 비즈니스 맥락을 이해하지 못한다면 데이터 과학자와 소프트웨어 엔지니어는 올바른 결과를 제공하고 있는지 확신할 수 없다. 또 기술 전문성이 없다면 사업가는 기술을 사용하여 사업의 성공을 이끌 수 없게 된다.

데이터 과학자와 소프트웨어 엔지니어는 종종 기업 리더들에게는 익숙하지 않은 언어, 즉 머신 러닝 모델, 프로그래밍 언어, AI에 대해 이야기한다. 기업 리더는 자신의 목표를 개별적인 데이터 문제로 변환하는 방법에 무지할 수도 있다. 모든 사람이 같은 방향을 바라보고 성공적인 구현을 보장하려면 비즈니스-기술 간의 전환을 담당하는 분석 전문가를 찾거나 임원과 데이터 팀이 동일한 목표를 향해 갈 수 있도록 프로젝트를 원활하게 진행할 수 있는 전문가를 고용해야 한다.

참고문헌

Evans, N. D.(2024). 5 best practices to successfully implement gen AI.
https://www.cio.com/article/2500838/5-best-practices-to-successfully-implement-gen-ai.html

Marr, B.(2019). The 10 Best Examples Of How Companies Use Artificial Intelligence In Practice.

https://www.forbes.com/sites/bernardmarr/2019/12/09/the-10-best-examples-of-how-companies-use-artificial-intelligence-in-practice

Zalewski, K.(2025). Six steps guide to running successful AI Program. https://unit8.com/resources/six-steps-guide-to-running-successful-ai-program/

02
PR과 AI

AI는 PR 전문가가 보다 효율적으로 아이디어 도출, 전략 수립, 요약, 글쓰기 및 편집을 할 수 있도록 해 준다. 특히 AI는 미디어 모니터링, 보도 자료 개요 작성, 감정 분석, 비주얼 생성, 요약 카피, 번역 초안 작성 등 PR 분야의 업무를 신속하고 효과적으로 수행하는 것을 돕는다. 조직 홍보팀은 AI를 통해 아이디어를 떠올리고, 초안을 만들고, 더 빠르고 정확하게 수정하고, 가장 효과적으로 배포할 수 있다.

AI와 MBTI?

PR 분야에서 AI의 이점

AI는 머신 러닝, 자연어 처리, 데이터 분석과 같은 첨단 기술을 사용하여 다양한 PR 업무와 프로세스를 자동화하고 개선해 준다. 여기에는 미디어 모니터링, 감정 분석, 콘텐츠 생성, 위기관리, 캠페인 효과 측정과 같은 업무가 포함된다. PR 전문가를 위한 AI의 이점으로는 다음과 같은 점을 들 수 있다.

일상적인 업무 자동화

AI는 소셜미디어 일정 관리, 보도 자료 초안 작성, 고객 문의 응대 등 반복적이고 시간이 많이 걸리는 업무를 자동화하여 PR 전문가가 보다 전략적이고 창의적인 작업에 집중할 수 있도록 해 준다.

데이터 분석 및 통찰력 식별

AI는 방대한 양의 데이터를 빠르고 정확하게 분석하는 데 능숙하여 PR 전문가가 미디어 보도, 소셜미디어 대화 및 기타 소스에서 패턴, 추세 및 통찰력을 식별할 수 있도록 해 준다. 이는 위기관리 커뮤니케이션 및 정보에 입각한 의사 결정에 매우 중요한 역할을 수행한다.

개인화된 커뮤니케이션

AI 기반 콘텐츠 추천과 개인화된 메시지 전달을 통하여 PR팀은 사용자 데이터와 선호도에 따라 다양한 고객을 대상으로 보다 매력적이고 맞춤화된 커뮤니케이션을 가능하게 해 준다.

효율성 및 생산성 향상

조사에 따르면, 커뮤니케이션 분야에서 AI를 조기에 도입한 기업의 61.4%가 전반적인 효율성과 생산성이 향상되었다고 보고했다.

PR 분야에서 AI의 응용

AI는 PR 산업에 다양하게 적용되어 PR 전략과 운영의 다양한 측면에 혁명을 일으키고 있다.

콘텐츠 생성 및 큐레이션

AI 기반 툴은 보도 자료와 소셜미디어 게시물부터 블로그 기사와 마케팅 실행에 이르기까지 고품질 콘텐츠를 빠르게 생성하는 데 탁월하다. 자연어 처리를 활용하여 맥락적으로 관련성이 높고 SEO(검색 엔진 최적화) 친화적인 콘텐츠를 생성해 준다. 또 AI는 여러 소스를 크롤링하고, 트렌드를 식별하며 사전 정의된 기준과 대상 고객 선호도에 맞춰 관련 자료를 추천하여 콘텐츠를 큐레이션할 수 있도록 해 준다.

미디어 모니터링 및 감정 분석

AI 알고리즘은 뉴스 매체, 소셜미디어 플랫폼, 블로그, 포럼 등에서 방대한 양의 데이터를 모니터링해서 실시간 특정 브랜드 언급 및 보도를 추적할 수 있다. 또 감정 분석을 수행하여 미디어에서 조직 및 브랜드가 언급될 때 그 톤과 감정을 측정하여 PR 전문가가 대중의 인식을 이해하고 새로운 트렌드를 파악할 수 있도록, 그에 따라 전략을 조정할 수 있도록 해 준다. 전통적으로 수동적인 모니터링에 의존하던 PR 전문가는 이제 AI를 활용하여 실시간 분석과 즉각적인 대응을 할 수 있게 되었다. 이를 통해 사전 전략 개발과 위기관리 능력이 향상되어 브랜드가 대중 담론에 민첩하게 대응할 수 있게 된 것이다.

소셜 미디어 관리

AI는 게시물 일정 조정, 참여 지표 분석, 콘텐츠 최적화 및 효과적인 대상 고객 타기팅을 위한 데이터 기반 통찰력 제공을 통해 소셜 미디어 관리 업무를 간소화해 준다.

또 AI 기반 도구는 영향력 있는 사람을 식별하고 브랜드나 캠페인과 관련된 소셜 미디어상의 대화를 추적할 수 있게 해 준다.

미디어 아웃리치 및 관계 구축

AI는 개인화된 피치를 생성하고 특정 기준에 따라 관련 저널리스트와 인플루언서를 식별하며, 맞춤형 메시징 및 아웃리치 전략 추천을 통하여 미디어 아웃리치 노력을 지원해 준다. 더욱이 AI는 과거 데이터를 분석하고 PR 캠페인의 성과를 추적하여 전문가가 미래 예산을 확보하고 업무 가치를 입증하는 데 도움을 준다.

AI 활용을 위한 가이드라인

PR에 AI를 활용하려면 전략적이고 윤리적인 접근이 필요한데, 구체적으로 아래와 같은 접근 방식이 바람직하다.

명확한 목표 설정

AI 사용을 위한 명확한 목표를 수립하고 이를 조직의 전반적인 PR 전략과 일치시켜야 한다. AI를 통해 향상되거나 자동화될 수 있는 특정 작업이나 프로세스를 결정하고 성공을 위해 측정 가능한 목표를 설정한다.

가이드라인 및 윤리 프레임워크 수립

PR에서 책임 있는 AI 사용을 장려하기 위한 포괄적인 가이드라인과 윤리적 프레임워크를 개발해야 한다. 여기에는 잠재적 편견, 개인 정보 보호, 투명성 및 책임 등의 문제를 포함해야 한다. 법률 및 IT 전문가 등의 전문가들과 협력하여 관련 규정 및 산업 표준을 준수하도록 해야 한다.

PR팀 교육 및 업스킬링

AI 도구와 기술을 효과적으로 활용하기 위해 PR팀의 교육 및 업스킬링을 위해 투자해야 한다. 교육 자료, 워크숍, 실습 교육 세션을 제공하여 PR에서 AI가 발휘할 수 있는 역량, AI의 한계, AI 활용 시의 윤리적 고려 사항을 이해하도록 해야 한다.

지속적인 모니터링 및 평가

AI 기반 PR 활동을 지속적으로 모니터링하고 평가하기 위한 프로세스를 구축해야 한다. AI 도구의 성능, 정확도 및 영향을 정기적으로 평가하고 필요한 조정 또는 개선을 수행한다. 이해관계자의 피드백을 활성화하고 그들의 통찰력을 최적화 프로세스에 통합한다.

AI를 통한 PR 프로세스의 최적화

AI는 다음과 같은 작업을 지원하여 PR의 효율성을 높일 수 있다.

- 미디어 모니터링
- 보도 자료 개요 작성
- 감정 분석
- 비주얼 생성
- 요약 카피
- 번역 초안 작성

레퍼토리에서 사고 집약적이지 않은 작업의 일부를 자동화하면 PR 전문가가 시간을 절약하고 더 많은 데이터 중심의 결정을 내릴 수 있게 된다. PR 전문가들이 활용할 수 있는 최고의 AI 툴은 다음과 같은 것이 있다.

- 딥엘(DeepL)
- 챗지피티(ChatGPT)

- 브랜드워치(Brandwatch)
- 클린업 픽처스(Cleanup Pictures)
- 루카(Looka)
- 캔바(Canva)
- TLDR this
- 스크리블(Scribbl)
- 힌츠(HINTS)
- 미드저니(Midjourney)

PR 영역에서 AI 활용의 문제점

전반적으로 AI는 효율성, 데이터 기반 통찰력, 개인화된 커뮤니케이션을 강화하여 PR 산업에 혁신을 가져올 수 있지만 AI의 역량을 활용하는 것과 인간의 전문성, 진정성, 윤리적 고려 사항을 유지하는 것 사이에서 균형을 맞추는 것이 무엇보다도 중요하다.

데이터 편향 및 잘못된 해석

AI는 운영에 사용된 데이터가 무엇이냐에 효과 정도가 결정되며, 편향되거나 불완전한 데이터 세트는 특히 감정 분석에서 잘못된 해석 및 잘못된 결론을 도출할 수 있다.

과도한 의존의 위험성

AI는 여러 PR 프로세스를 간소화해 주지만 적응하는 과정에서 사람들은 조직의 위기 상황에 맞닥뜨린 인간의 판단과 의사 결정의 중요성을 간과하거나 기술 시스템에 지나치게 의존함으로써 기계적 판단을 내릴 위험성이 있다.

진정성과 개인화 부족

AI가 생성한 커뮤니케이션은 진정성과 개성이 부족하여 고유한 브랜드 정체성을 만들거나 개인적인 차원에서 대중과 소통하는 것을 어렵게 만들 수 있다.

개인 정보 보호 문제

PR 분야에서 AI를 사용하면 챗봇과 기타 AI 도구가 고객이나 이해관계자의 개인 데이터를 수집하고 사용하므로 개인 정보 보호 문제가 발생할 수 있다.

참고문헌

Agarwal, V.(2024). The future of PR is here: How AI analytics can transform your campaigns. https://www.agilitypr.com/pr-news/pr-tech-ai/the-future-of-pr-is-here-how-ai-analytics-can-transform-yourcampaigns/

Artzi, O. B.(2023). Four Ways AI Is Changing The Public Relations Industry. https://www.forbes.com/councils/forbesbusinesscouncil/2023/11/30/four-ways-ai-is-changing-the-public-relations-industry/

Lilley, C.(2024). The Opportunities, Challenges and Risks of Using AI in PR and Marketing. https://www.adpr.co.uk/blog/insight/ai-prandmarketing-b2b/

Rashman, C.(2024). Will AI Replace Public Relations?. https://www.piercom.com/news-insights/will-ai-replace-public-relations/

Singh, A.(2024). 20 Advantages and Disadvantages of AI | Major Benefits of AI. https://www.appliedaicourse.com/blog/advantages-and-disadvantages-of-ai/

03
정부와 AI

효율성과 자동화 증진, 대민 서비스 품질 제고, 공공 안전 강화, 리소스 최적화, 위조 의약품 감지, 연방 학자금 대출 신청자 선정, 장애 혜택 청구 처리, 새로운 잠재적 수출 시장 발견 등 공공 정책에서 AI의 활용 사례는 너무나 많다. 특히 생성 AI(GenAI)는 공공 부문의 운영 방식과 직원의 업무 및 활동을 혁신해 서비스 제공, 운영 효율성, 시민 참여에서 의미 있는 개선을 실현해 준다.

AI와 난임 극복?

6가지 유형의 정부 문제 해결

정부 영역에서 AI는 매우 광범위하고 다양한 영역에서 활용될 수 있으며 정부 운영의 모든 측면을 혁신할 수 있다. 메어(Mehr)는 6가지 유형의 정부 문제가 AI 응용 프로그램에 적합하다고 제안하고 있다.

• 리소스 할당: 작업을 더 빨리 완료하기 위해 관리 지원이 필요한 경우
• 대규모 데이터 세트: 직원들이 효율적으로 작업하기에는 데이터 규모가 너무 크고 여러 데이터 세트를 결합하면 더 큰 통찰력을 얻을 수 있는 경우
• 전문가 부족 문제: 기본적인 질문에 대답할 수 있고 틈새 문제를 해결할 수 있는 전문가가 부족한 상황일 때
• 예측 가능한 시나리오: 과거 데이터를 기반으로 미래의 상황을 예측하고자 할 때
• 반복적 절차: 입력이나 출력이 이진법 답을 갖는 반복적인 작업일 경우,
• 다양한 데이터: 데이터가 다양한 형태(시각적, 언어적 등)로 구성되어 정기적으로 요약해야 하는 경우

정부 업무에서 AI의 활용이 민간 영역에서 AI의 확장

속도를 따라가지는 못하고 있지만 그 활용 범위는 향후 매우 광범위하게 확장될 것이다. 정부 영역에서 AI는 크게 공공 정책 목표 달성, 정부와 국민의 상호 작용 지원, 게리멘더링 목적 등 세 가지 용도로 활용될 것이다(Wirtz et al., 2018).

공공 정책 목표 달성에 기여

AI가 공공 정책 목표 달성에 기여할 수 있는 방법은 매우 다양하다.

- 실업, 은퇴, 유족 및 출산 시 즉각적이고 자동화된 방식으로 혜택 부여(이 경우 시민들은 어떠한 조치도 필요하지 않음)
- 사회 보험 서비스 제공
- 긴급성에 따라 비상 전화 분류(미국 신시내티 소방국에서 사용하는 시스템과 유사)
- 질병의 확산을 탐지하고 예방
- 공무원이 복지 지급 및 이민 결정을 내리는 데 도움을 줌
- 보석금 심리의 재판
- 의료 사례의 분류

- 정책에 대한 대중의 피드백을 위한 소셜미디어 모니터링
- 비상 상황을 식별하기 위한 소셜미디어 모니터링
- 불법적인 복지 혜택 청구 식별
- 범죄 예측 및 최적의 경찰 배치 추천
- 교통 체증 및 교통사고 예측
- 도로 유지와 관리에 대한 요구 예상
- 건강 규정 위반 식별
- 학생들에게 개인화된 교육 제공
- 시험지 채점
- 국방 및 국가 안보 지원

정부와 대중의 상호 작용 지원

AI는 아래와 같이 대중이 정부와 상호 작용하고 정부 서비스에 간편하게 액세스할 수 있도록 도와줄 것이다.

- 챗봇을 사용하여 24시간 질의/응답 체계 운영
- 정부 내 적절한 부서로 요청 전달
- 양식 작성
- 문서 검색 지원[호주지식재산청(IP Australia)의 상표 검색]

• 약속 일정 잡기

• 가상 서비스: 호주 및 에스토니아를 포함한 몇몇 정부는 시민들이 세무 문의에서부터 생활 이벤트 등록에 이르기까지 다양한 서비스를 탐색할 수 있도록 돕는 가상 비서를 구현

게리맨더링

선거구 조작은 정치 과정에 영향을 미치는 교활한 방법이다(Coldewey, 2020). 유권자 분포와 인구 통계 데이터 세트를 기반으로 선거구를 재구성하기 위해 인공지능을 적용하는 것은 사용 목적에 따라 공정성에 기여하거나 선거 과정에 관심이 있는 이해관계자의 당파적 이득을 유지할 수 있게 해 준다(Cho et al., 2022).

공공 부문 5가지 AI 트렌드

2025년에는 AI가 공공 부문 운영의 초석이 되어 기관이 의사 결정을 내리고 구성원에게 서비스를 제공하는 방식을 혁신함으로써 정부 기관은 효율성을 개선하고, 의사 결정 능력을 강화하며 시민에게 더 나은 서비스를 제공할 수 있다.

최근 구글이 IDC(Internet Data Center)에 의뢰해 연

방 정부의 최고 AI 책임자와 기타 AI 결정권자 161명을 대상으로 조사한 연구에 따르면, 기관의 50%가 높은 수준의 AI 성숙도를 보였다고 답했다. 이는 혁신 문화를 수용하고 임무 수행에 영향을 미치는 생성 AI 활용 사례를 시범적으로 실시하는 것과 같은 보다 발전된 활용을 의미한다.

내년 공공 부문의 미래를 형성할 것으로 생각되는 5가지 AI 트렌드를 살펴보자.

멀티모달 AI: 컨텍스트의 힘을 해방하다

AI가 텍스트, 이미지, 비디오, 심지어 오디오와 같은 다양한 출처의 정보를 이해하고 분석할 수 있는 세상을 상상해 보자. 이것이 멀티모달 AI의 힘이다. 2025년은 멀티모달 학습과 그것이 가능하다는 상황 인식에 의해 주도되는, AI 도입에 중요한 해가 될 것이다. 앞으로 멀티모달 AI는 기관이 지역 및 주 수준 데이터를 분석하고 그러한 데이터를 구글 어스 엔진(Google Earth Engine), 구글 맵스(Google Maps), 웨이즈(Waze) 및 공공 데이터 세트와 같은 다른 출처의 데이터와 결합하여 의사 결정 과정을 개선하고 기후 관련 위험을 예방하며 공공 인프라를 개선할 수 있도록 할 것이다.

구글 AI(Google AI)는 하와이 교통부(HDOT)가 기후 문제를 해결할 수 있도록 지원한다. 또 구글 어스 엔진과 구글 클라우드(Google Cloud)를 활용하여 기후 회복력 플랫폼을 구축함으로써 여러 기후 위험, 자산 조건 및 커뮤니티 영향에 따라 위험을 평가하고 투자 결정을 할 수 있도록 해 준다.

AI 에이전트: 챗봇에서 다중 에이전트 시스템으로 진화

우리는 과거의 단순한 챗봇에서 미래의 정교한 AI 에이전트로 옮겨 가고 있으며, 가장 복잡한 작업을 처리할 수 있게 될 것이다. 이러한 에이전트는 추론하고, 계획하고, 심지어 상호 작용을 통해 학습할 수 있는 능력을 지니고 있다. 미래에 AI 에이전트는 정부 직원이 더 효율적으로 일하고 코딩하고, 애플리케이션을 관리하고, 더 심층적인 데이터 통찰력을 얻고, 보안 위협을 식별해 해결하고, 최고의 아이디어를 실현하도록 해 줄 것이다.

뉴욕주 설리번 카운티는 구글 AI를 사용하는 가상 에이전트로 시간에 구애받지 않고 더 많은 시민에게 더 빠르게 서비스를 제공하고 있다. 제한된 인력과 예산으로 설리번 카운티는 전통적인 근무 시간을 넘어 시민을 지원하는 동시에 정부 직원이 전략적 업무에 집중할 수 있도록 하는 설루션을 만들었다.

보조 검색: 지식 작업의 새로운 전선

AI는 이미 우리가 정보에 접근하고 이해하는 방식을 변화시키고 있다. 생성 AI를 통해 정부는 방대한 데이터 세트를 검색하는 데 정확도와 효율성을 개선할 수 있다. 의미 검색, 자동화된 메타데이터 도구, 고급 문서 필사에 투자함으로써 기관은 데이터의 가치를 끌어내고 더 쉽게 접근할 수 있도록 해 준다.

공군 연구소(AFRL)는 구글 클라우드의 최첨단 인공지능 및 머신 러닝(ML) 기능을 활용하여 재료 과학 및 생물 정보학에서 인간 성과 최적화에 이르기까지 다양한 도메인에서 복잡한 과제를 해결하고 있다. 공군 연구소는 AI와 클라우드 컴퓨팅의 힘을 받아들여 첨단 기술을 개발하고 공군, 우주 및 사이버 공간군으로 전환하는 사명을 가속화하고 있다.

AI 기반 구성원의 경험: 원활하고 개인화됨

2025년에는 AI가 시민 경험을 개선하는 데 많은 도움이 될 것이다. AI 기반 도구와 기술은 여러 언어로 제공되며 시민들이 24시간 연중무휴로 이용 가능한 정부 웹사이트와 서비스(예: 허가 및 면허 신청)를 빠르고 쉽게 탐색할 수 있도록 하여 신뢰를 구축하고 시민-정부 관계를 더욱 강화할 수 있다.

구글 AI와 협력하여 위스콘신주 고용 및 인력개발부(Wisconsin Department of Workforce Development, DWD)는 실업 보험 청구에 대한 주의 대응을 확장하고 전반적인 대응 시간을 단축할 수 있었다. 또 사기성 청구를 걸러내어 재정 지원이 필요한 위스콘신 주민에게 사용자 인터페이스(UI) 프로그램을 성실하게 관리할 수 있도록 했다.

AI로 인해 보안이 더욱 엄격해지고 강화됨

AI가 보편화됨에 따라 AI가 초래하는 위협도 증가하고 있다. 그러나 AI는 보안을 강화하는 강력한 도구가 될 수도 있다. 위협 탐지를 자동화하고, 방대한 양의 데이터를 분석하고, 사고에 신속하게 대응함으로써 AI는 정부 시스템과 민감한 정보를 보호하는 데 도움이 될 수 있다. AI가 정부 및 시민 서비스에 점점 더 많이 침투함에 따라 기관은 딥페이크 및 허위 정보와 같은 위협에 맞서기 위해 보안을 우선시해야 한다.

뉴욕시 최고 기술 책임자 매튜 프레이저는 뉴욕시가

매주 900억 건의 사이버 이벤트에 시달리고 있다고 밝히면서 "우리는 그 900억 건의 이벤트를 50~60개 미만으로 축소해야 한다. 인공지능과 자동화된 의사 결정 도구가 없다면 절대 불가능했을 것이다"라고 AI의 위력을 설명했다.

참고문헌

Coldewey, D.(2020.9.5). "AI-drawn voting districts could stamp out gerrymandering". *Tech Crunch.*

Cho., et al.(2022). "AI and Redistricting: Useful Tool for the Courts or Another Source of Obfuscation?". *The Forum,* 20(3-4), 395-408. doi:10.1515/for-2022-2061.

Martinho-Truswell, E.(2018.1.26). "How AI Could Help the Public Sector". *Harvard Business Review.*

Mehr, H..(2017.8). "Artificial Intelligence for Citizen Services and Government" (PDF). ash.harvard.edu.

Moon, E.(2025). 5 AI trends shaping the future of the public sector in 2025.
https://cloud.google.com/blog/topics/public-sector/5-ai-trends-shaping-the-future-of-the-public-sector-in-2025?hl=en

Wikipedia(n.d.). Artificial intelligence in government,
https://en.wikipedia.org/wiki/Artificial_intelligence_in_government

Wirtz, B. W., et al.(2018.7.24). "Artificial Intelligence and the Public Sector—Applications and Challenges". *International*

Journal of Public Administration, 42(7), 596–615. doi:10.1080/01900692.2018.1498103. ISSN 0190-0692. S2CID 158829602.

04
지역 사회와 AI

AI 기술은 지역민의 삶의 질을 개선하고 효율성을 높이며 사회적, 경제적 발전을 촉진하는 혁신적인 설루션을 제공함으로써 광범위한 사회적 문제와 필요를 해결할 잠재력을 지니고 있다. 특히 지역 사회의 각종 사회적 문제 해결, 헬스케어, 교통 · 운송의 원활화, 지역민의 의사소통 개선, 지속 가능한 발전 추진, 빈곤과 불평등 해소, 공공 안전의 실현 등에서 혁신적인 기술 인프라로 기능할 수 있다.

AI와 사주?

지역 사회 차원에서 AI가 주는 혜택

AI는 교육, 의료, 교통, 수질 등을 개선하는 데 도움을 줄 수 있으며 기후 변화, 빈곤 및 굶주림 등을 극복하는 데에도 유용한 도구가 될 수 있다. 그러나 의도치 않은 부정적인 결과를 피하려면 AI는 보다 윤리적이고 책임감 있는 방식으로 개발되고 사용되어야 한다.

블룸버그 자선재단의 성과 기반 도시 인증 프로그램(Bloomberg Philanthropies What Works Cities Certification)에서 최근 지방 정부의 데이터 관행을 평가하고, 데이터를 사용하여 주민에게 의미 있는 결과를 제공하는 세계 최고 수준의 12개 도시를 새롭게 인증했다. 이미 인증된 도시는 AI를 사용하여 도시의 운영 방식을 바꾸고 있다. 텍사스 오스틴은 산불과 싸우는 데 AI를 사용하고, 뉴올리언스는 교통 안전을 개선하는 데 사용하며, 시애틀은 응급 차량의 이동 시간을 줄이는 데 활용하고 있었다. 미 연방 정부도 이러한 조치에 동참하고 있다. 바이든 대통령의 AI에 대한 행정 명령에 영감을 받아 국립과학재단(National Science Foundation)은 최첨단 AI 애플리케이션을 개발하기 위해 기술 회사와 연방 기관 간의 새로운 협업을 시범 운영하고 있다.

이러한 발전은 정부의 업무 방식은 물론 의사가 질병

을 진단하는 방식도 변화시키고 있으며, AI는 메모 작성과 이메일 전송을 지원하는 디지털 조수로 활용되는 한편, 얼굴 인식 기술을 개선해 보안과 신원 확인 절차의 신뢰도를 높이고 있다.

AI가 도시의 데이터를 수집하고, 정보를 관리하며 의사 결정을 지원하는 데 중요한 역할을 담당하는 사실은 더 이상 놀라운 일이 아니다. AI를 잘 활용하면 도시 정책 담당자는 반복적인 작업을 줄이고 전체적인 운영을 보다 효율적으로 할 수 있어서 시간과 자원을 절약하게 되고, 이를 다시 지역 사회에 투자함으로써 지역 구성원들의 만족도를 높일 수 있다.

그러나 AI의 사용이 적절하게 관리되지 않으면 여러 위험 상황에 직면할 수도 있다. 도시 지도자들이 AI의 용도를 보다 적극적으로 탐구하는 데 공무원에게 권한을 부여하고 주민을 보호하기 위해서는 아래 세 가지를 유념해야 한다.

첫째, 명확한 가이드라인을 만들어라

시(市) 직원들이 AI를 사용하면 주민의 개인 정보 보호부터 공공 기록 요청 탐색에 이르기까지 관련한 많은 문제점이 발생한다. 시 직원에게는 이러한 도구를 책임감 있게 사용하고 주민 생활의 질을 개선하는 방법에 대한 명확한 로드맵이 필요하다. 보스턴, 시애틀, 애리조나주 템피시 의회는 윤리적 인공지능 정책을 통과시켰고, 산호세는 잠재적 이점과 편견 및 개인 정보 보호 문제를 반영하는 생성형 AI 도구 사용을 위한 직원 가이드라인을 수립했다.

둘째, 커뮤니티 피드백 루프를 만들어라

시 의원들은 이러한 가이드라인을 개발했지만 진공 상태에서 AI 실험을 시작할 수 없었다. 주민을 포함한 모든 관련자로부터 피드백을 지속적으로 수집하는 것이 필요했다. 대부분의 커뮤니티가 AI 기반의 새로운 정책에 적극 참여하는 것이 장기적인 성공을 위해 바람직하다. 이를 위해서 다양한 목소리로 구성된 도시 전체의 태스크포스팀을 만들어 AI의 새로운 용도를 평가하도록 하는 것이 효과적이다. 기술이 더욱 정교해짐에 따라 지방 정부의 AI 사용이 공공 가치와 긴밀하게 연계되도록 해야 한다.

셋째, AI 정책과 관행에 대한 고품질 감사를 실시하라

도시는 AI의 사용이 공정하고 공평한 방식으로 사용되고 있는지를 확인하기 위해 정기적으로 AI 사용을 감사해야 한다. 고용 및 승진에서 AI가 투명하고 편견이 없이 작동하는지 확인을 요구하는 뉴욕시의 최근 법률과 수반 규칙이 좋은 예다. 또 산호세가 지방 정부에서 AI 알고리즘이 활용된 모든 내용을 공개한 것도 좋은 예다. 이런 방식으로 AI의 사용 현황과 영향력을 정기적으로 점검하면 AI가 야기할 최악의 문제점으로부터 주민을 보호할 뿐만 아니라 도시가 어떻게 기술을 발전시키고 있는지를 파악할 수 있다.

지역 사회에 AI를 활용하는 10가지 방법

AI를 사용하여 커뮤니티 참여를 강화할 수 있는 10가지 방법을 살펴보고자 한다. AI 도구는 소규모 온라인 그룹, 지역 내 유관 협회 또는 대규모 조직의 관리 및 경영을 간편하고 효과적으로 만들어 준다. 커뮤니케이션의 개인화에서부터 추세 예측에 이르기까지 AI는 커뮤니티의 참여 과정 전반에 걸쳐 다양한 설루션을 제공해 준다.

커뮤니티 구성원을 더 잘 이해하고, 질문에 즉각적으로 응대하며, 모든 사람이 관심을 갖고 참여할 수 있는 콘텐츠를 만드는 데 도움을 주는 가상 비서도 좋은 예다. AI 기술은 기존의 인간적 연결을 대체하는 것이 아니라 강화하는 역할을 수행한다. 또 AI를 사용하면 일상적인 작업에 소요되는 시간을 절약하고 커뮤니티 구성원 간의 관계를 구축하고 소속감을 조성하는 데 효과적이다.

커뮤니케이션의 개인화

커뮤니티 구성원 각자에게 맞춤형 메시지를 전달하는 데 도움을 줄 수 있다. AI는 구성원들의 선호도, 행동, 관심사에 대한 데이터를 분석하여 각 개인이 소중하게 여겨지고 이해받는다고 느낄 수 있는 개인화된 메시지를 보내는 데 도움을 줄 수 있다.

응답 자동화

AI 기반 챗봇은 24시간 일반적인 질문에 답하고, 정보를 제공하며 심지어 기본적인 대화에 참여할 수도 있다.

피드백 분석

AI는 수많은 피드백을 빠르게 걸러내고 공통적인 주제와 감정을 식별할 수 있다. 이를 통해 커뮤니티가 무엇을 좋아하고 무엇을 싫어하며, 어디를 개선할 수 있는지 이해하는 데 도움이 된다.

콘텐츠 생성

블로그 게시물 작성에서 소셜미디어 업데이트 생성에 이르기까지 AI 도구는 콘텐츠 아이디어를 생성하고 게시물 초안을 작성할 수도 있다.

요구 사항 및 추세 예상

AI는 데이터 추세와 패턴을 분석하여 커뮤니티가 다음에 무엇에 관심을 가질지 예측할 수 있다.

회원 참여 및 상호 작용 강화

AI는 대화형 투표, 토론 주제 또는 가상 이벤트에서 커뮤니티 구성원이 적극적이고 정기적인 참여를 할 수 있도록 가장 좋은 방법을 제안해 준다.

콘텐츠의 효율적인 배포

적절한 시기에 적절한 사람에게 적절한 콘텐츠를 제공하는 것이 중요하다. AI는 게시물을 예약하고 최적의 시기에 뉴스레터를 발송하여 최대 도달 범위와 참여를 실현한다.

지역 사회의 안전한 환경 조성

AI는 커뮤니티 내 상호 작용을 모니터링하고 부적절한 콘텐츠 게시나 부적절한 행동을 예방해 줌으로써 구성원들에게 안전한 환경을 조성한다. 또 AI는 잠재적 보안 위협에 대한 통찰력을 제공하여 문제가 확대되기 전에 해결책을 마련할 수 있다.

회원 온보딩 개선: 좋은 첫인상 남기기

AI는 온보딩 프로세스를 간소화하여 개인화된 환영 메시지를 제공하고 새로운 멤버를 첫 단계로 안내할 수 있다. 이를 통해 처음부터 편안하게 연결되어 있다고 느끼게 해 준다.

성공 여부 측정

참여율, 회원 만족도, 성장과 같은 주요 지표를 추적함으로써 무엇이 효과가 있고 무엇이 효과가 없는지 확인하고 데이터 기반 의사 결정을 바탕으로 전략을 수립할 수 있다.

AI와 지역 사회 문제

오늘날 많은 지역 사회는 교육, 교통, 의료, 환경, 에너지, 공공 안전, 빈곤과 불평등, 지속 가능한 발전 등의 다양한 사회 문제에 직면하고 있다.

사회 문제 해결

AI 기술은 의료, 교육, 교통, 커뮤니케이션, 지속 가능성을 포함한 다양한 사회 문제를 해결할 잠재력을 지니고 있다. 이러한 기술 발전을 활용함으로써 삶의 질을 향상하고, 효율성을 높이며 사회적 · 경제적 발전을 촉진하는 혁신적인 설루션을 만들 수 있다.

헬스케어

많은 사회가 의료 접근성, 경제성, 질적 수준과 관련된 문제에 직면하고 있다. 기술은 원격 진료 서비스 및 원격 상담을 가능하게 해 기존의 의료 서비스 취약 지역에 획기적인 개선책을 제공해 준다. 게다가 개인화된 의학, 웨어러블 기기, AI 진단과 같은 의료 기술의 발전은 환자의 질병 치료를 개선하고 비용을 낮추도록 해 준다.

교육

양질의 교육에 대한 수요는 전 세계 사회가 직면한 중요한 문제다. AI 기술은 다양한 학습 요구에 맞는 e러닝 플랫폼, 개방형 교육 리소스, 적응형 학습 시스템을 제공하여 교육 격차를 줄이는 데 도움을 준다. 또 AI 기술은 교육자와 학생 간의 협업을 촉진하고, 장애가 있는 학습자의 접근성을 증진하며 평생 학습 문화를 육성할 수 있다.

운송

도시 혼잡, 대기 오염, 제한된 교통 접근성은 많은 사회의 시급한 문제다. AI 기술은 지능형 교통 시스템, 전기자동차, 승차 공유 플랫폼의 개발을 통해 이러한 과제를 해결하여 효율성을 높이며 교통 서비스에 대한 접근성을 확대할 수 있다.

의사소통

상호 연결된 환경에서 효과적인 커뮤니케이션은 사회적, 경제적 발전의 필수 요소다. 인터넷, 소셜미디어, 모바일 기기와 같은 정보 및 커뮤니케이션 기술(ICT)의 발전으로 즉각적인 커뮤니케이션과 정보 공유가 가능해졌으며 개인의 사회적, 정치적 참여가 촉진된다.

지속 가능성

사회는 자원 고갈, 기후 변화, 환경 파괴와 관련된 과제에 직면하고 있다. AI 기술은 재생 에너지 활용을 촉진하고, 자원 효율성을 개선하며, 폐기물 관리 및 오염 제어를 위한 혁신적인 설루션을 제공해 줄 수 있다. 또 AI 기술은 환경 모니터링 및 보존 노력을 지원하여 정책 개발 및 의사 결정을 위한 귀중한 데이터를 제공한다.

빈곤과 불평등

경제적 격차와 빈곤은 여전히 중대한 사회적 과제로 남아 있다. AI 기술은 정보, 자원 및 기회에 대한 접근성을 높이고 디지털 플랫폼을 통해 금융 포용성을 촉진하며, 기술 부문에서 새로운 일자리를 창출해 불평등을 줄이는 데 도움을 준다.

공공 안전

공공 안전의 보장은 대부분의 사회에서 필수적인 요구 사항이다. AI 기술은 고급 감시 시스템, 비상 대응 플랫폼, 데이터 기반 범죄 예방 전략을 제공하여 공공 안전을 대폭 강화할 수 있다. 또 AI 기술은 조기 경보 시스템, 원격 감지, 위험 평가 및 완화를 위한 지리 정보 시스템(Geographic Information System, GIS)과 같은 재난 관리 노력을 지원한다.

AI 기술은 삶의 질을 개선하고 효율성을 높이며 사회적, 경제적 발전을 촉진하는 혁신적인 설루션을 제공함으로써 광범위한 사회적 문제와 필요를 해결할 잠재력을 지니고 있다. 그러나 불평등 및 개인 정보 보호 문제를 악화하는 것과 같은 부정적인 결과를 반드시 고려해야 한다.

참고문헌

De Vor, S.(2024). 10 Ways to Use AI in Community Engagement. https://www.social.plus/blog/10-ways-to-use-ai-in-community-engagement

Trappett, L.(2023). 10 Ways to Use Artificial Intelligence (AI) in Community Engagement. https://www.socialpinpoint.com/ways-to-use-artificial-intelligence-ai-in-community-engagement/

05
광고와 AI

AI 기반 광고 플랫폼은 빅 데이터와 머신 러닝 알고리즘을 활용하여 타깃의 통계를 파악하고 다양한 광고 전략의 성공을 예측하며 실시간으로 최적화된 광고 배치를 실현해 준다. AI 도구는 프로그래매틱 및 디지털 광고 구매 및 배치, 광고 예산 및 성과의 최적화, 광고 생성 및 관리, 광고 변형의 자동 생성, 광고 이미지와 비디오의 자동 생성, 소비자 동기를 기반으로 한 광고의 개인화, 광고 효과의 예측, 경쟁사의 광고 전략 감시 및 대응 등을 가능하게 해 준다.

AI와 아이돌?

광고의 핵심이 된 AI

오늘날 광고 크리에이티브와 광고 카피의 생성은 물론 예산의 최적화와 캠페인 성과의 예측에 이르기까지 AI가 활용되지 않는 영역이 없다. 또 AI 기술은 타깃의 반응에 따라 즉각적으로 광고 크리에이티브를 변경하거나 경쟁사의 광고 전략을 감시하게 해 준다. 구글 애드 및 메타 애드와 같은 광고 플랫폼은 AI를 사용하여 마이크로(micro) 초 단위로 광고 판매, 타기팅, 배치를 실행하고 있다. AI가 거의 모든 광고 플랫폼에서 누가 광고를 보는지, 그리고 잠재 고객에게 다가가기 위해 얼마만큼의 비용을 지출해야 하는지를 알려 주고 있다.

오늘날의 AI 기반 광고 플랫폼은 수천 가지 광고 변형으로 마이크로 세분화된 대상에게 동시에 다가가고 있지만 현실적으로 AI의 놀라운 능력을 활용할 수 있는 전문가는 드물다. 실제로 광고 전문가들은 광고 플랫폼에서 생성된 모든 데이터를 활용하지 못하고 있으며 발 빠른 대처도 하지 못하고 있다. 그리고 매 순간 테스트를 위한 수천 개의 광고 변형을 즉석에서 만들 리소스와 대역폭을 가지고 있지도 않다. 다만 디지털 광고에서 기본적인 최적화를 통해 몇 가지 간단한 캠페인을 실행하고 있을 뿐이다.

생성형 인공지능과 광고

실제로 AI 도구를 이해하고 광고에 적용하기 위해서는 아래와 같은 몇 가지 기본적인 사항을 알고 있어야 한다.

AI 회사 딥마인드의 설립자인 데미스 허사비스는 AI를 '기계를 똑똑하게 만드는 과학'이라고 언급했다. 즉, 인간이 할 수 있는 텍스트 읽기 · 쓰기 · 이해, 사물 보기 및 식별, 장애물 주변 이동, 언어 듣기 및 이해, 외부 환경 감지 등과 같은 지적인 작업을 할 수 있는 기계를 의미한다.

또 AI는 기계가 스스로 학습할 수 있도록 해 준다. 기존 기술과 달리 AI는 실제로 데이터에서 패턴을 감지한 다음, 그 패턴에서 다음에 나타날 결과를 예측하게 된다. AI는 이런 과정을 반복함으로써 시간이 지남에 따라 점점 더 나은 예측력을 지니게 된다. 따라서 AI 시스템에 더 많은 데이터를 제공할수록 학습을 더 잘하고 개선할 수 있는 능력을 지니게 되는 것이다.

오늘날 소비자들은 알게 모르게 매일 수십 번 내지 수백 번 AI를 활용하고 있다. 지메일(Gmail)과 구글 독스(Google Docs)는 AI를 사용하여 사용자가 입력하는 내용을 이해한 다음, 그다음 입력할 내용을 예측한다. 유저들이 이 기능을 사용할 때마다 AI의 예측력은 계속 향상되게 된다.

사실 AI는 단 하나의 기술이 아니다. 스스로 학습하고 개선할 수 있는 다양한 스마트 기술을 포괄하는 용어라고 할 수 있다. AI 기술에는 머신 러닝, 컴퓨터 비전, 자연어 생성(NLG), 자연어 처리(NLP), 딥러닝, 신경망, 음성 인식 외에도 수십 가지가 있다.

AI가 스스로 학습하고 개선할 수 있는 능력을 갖추고 있기 때문에 광고 분야에서도 엄청난 경쟁 우위를 확보하게 되었다. 최근의 프로그래매틱 광고 환경에서는 AI가 절대적으로 필요하다. 인터넷과 프로그래매틱 광고 덕분에 수백 개의 디지털 플랫폼에서 소비자에게 효과적으로 다가갈 수 있게 되었다. 또 AI는 수백, 수천 개의 인구 통계 및 행동 데이터 포인트를 기반으로 핵심 소비자를 효과적으로 타기팅할 수 있게 되었다.

미래 지향적인 회사들은 AI를 사용하여 다음과 같은 업무를 수행한다.

• 채널과 대상 고객에 맞춰 광고 예산을 할당

• KPI(Key Performance Indicator, 핵심 성과 지표)를 달성하기 위해 광고 예산을 자동으로 조정

• 새로운 광고 대상 고객과 전환 기회 찾기

- 더욱 풍부한 고객 프로필 구축
- 캠페인 목표를 결정하고 달성
- 경쟁자의 광고 지출, 크리에이티브 및 전략에 대한 통찰력 발휘
- 광고 카피 만들기
- 시각적 광고 크리에이티브 제작
- 개별 소비자에게 맞춰 광고 메시지와 이미지를 고도로 개인화
- 고도로 개인화된 광고 타기팅
- 캠페인을 시작하기 전에 광고 성과를 예측

광고 분야에서 AI를 활용해 가장 가치 있는 결과를 만들어 낸 몇 가지 사례를 보자.

프로그래매틱 및 디지털 광고 구매 및 배치

최근 프로그래매틱 플랫폼은 종종 AI를 사용하여 실시간 광고 구매, 판매 및 광고 배치를 관리한다. 사실 모든 디지털 광고 거래소와 플랫폼은 인공지능을 사용하여 실시간으로 광고 매매를 통제한다. 여기에는 프로그래매틱 거래소, 타사 네트워크, 페이스북, 인스타그램, 스냅챗과 같은 플랫폼 광고가 포함된다.

페이스북 광고 플랫폼에서는 광고주가 지불하는 광고비를 바탕으로 AI 알고리즘이 광고가 노출되는 장소와 빈도를 결정하도록 하고 있다. 광고를 더 자주 보여 주는 것이 좋다고 생각할 수도 있지만, 전통적인 광고 연구에 따르면 최적의 광고 빈도는 브랜드 구매 주기 내에 최소 3회 노출되는 것이다. 전통적인 광고 이론에서는 가능한 많은 횟수로 타깃 고객층에게 동일한 광고를 노출해야 한다고 주장하지만 페이스북에서 광고가 반복적으로 노출되면 실제로 부정적인 효과가 나타날 수도 있다. 그것은 페이스북 알고리즘이 사용자 피드백을 고려하기 때문인데, 광고를 너무 자주 보여 주고 사용자로부터 낮은 평가를 받게 되면 관련성 점수가 낮아지기 때문이다. 소셜미디어 전문가들은 대부분의 경우에 '빈도가 높을수록 관련성 점수가 낮아진다'라고 말한다. 높은 관련성 점수는 해당 광고가 경쟁하는 다른 광고에 비해 목표 고객에게 노출될 가능성이 높아진다는 것을 의미한다. 이는 더 나은 성과와 더 낮은 비용으로 이어진다.

광고 예산 및 성과 최적화

머신 러닝 알고리즘은 상업적으로 이용 가능한 설루션에서 특정 플랫폼에서 광고가 어떻게 성과를 내는지 분석한 다음, 성과를 개선하는 방법에 대한 권장 사항을 제공한다.

가장 발전된 경우는 AI가 광고 실적과 지출 최적화를 자동으로 관리하여, 광고 KPI에 가장 잘 도달하는 방법에 대한 결정을 내리고 완벽하게 최적화된 예산을 추천하는 것이다. 또 다른 경우로는 모든 채널과 대상 고객에게 자동으로 광고 비용을 할당하도록 해서 광고 효과 유무를 추측하는 데 시간과 비용을 허비하지 않도록 해 주고 보다 가치 있는 전략적 업무에 집중할 수 있도록 해 주는 것이 있다.

광고 타기팅은 광고 카피와 크리에이티브 못지않게 중요한 영역이다. 몇몇 AI 시스템은 과거 고객과 광고 성과를 살펴보고, 이를 KPI와 실시간 성과 데이터와 비교한 다음, 구매 가능성이 있는 새로운 고객을 식별할 수 있게 해 준다.

광고 생성 및 관리

AI 시스템은 실제로 광고주의 목표에 가장 적합한 광고를 만들어 준다. 이러한 AI 기능은 일부 소셜미디어 광고 플랫폼에서 이미 실현 중이며, 일부 지능형 자동화를 사용하여 광고주가 사용하는 링크에 따라 실행해야 할 광고를 제안해 준다.

오늘날 AI 도구는 모든 유형의 마케팅 언어를 생성하는 데 뛰어나며, 여기에는 디지털 광고에서 종종 성공하는 짧고 강렬한 카피도 포함된다. 이러한 시스템은 두 가지 AI 기반 기술인 자연어 처리(NLP)와 자연어 생성(NLG)을 활용하여 인간이 쓴 카피만큼, 또는 그보다 더 나은 성과를 내는 광고 카피를 훨씬 짧은 시간 안에 작성해 준다.

광고 변형의 자동 생성

AI를 사용하면 광고 변형을 자동으로 생성할 수 있다. 즉, 단일 광고를 가져와 AI 도구에 제공하면 여러 가지 변형 광고를 생성해 준다. 이러한 변형에는 다양한 플랫폼에 맞게 광고 크기와 형식이 결정된다. AI 기술은 광고주의 캠페인 아이디어에 따라 다양한 디자인과 크리에이티브를 만들어 준다.

광고 크리에이티브를 위한 이미지와 비디오 생성

AI는 광고에 사용할 이미지와 비디오를 생성하는 데 점점 더 능숙해지고 있다. 인기 있는 이미지 및 비디오 생성 도구는 놀랍도록 창의적이고 예술적인 결과를 만들어 내고 있다. 이러한 AI 도구는 지난 1~2년 동안에 비약적으로 정교해졌으며, 더 이상 유저들의 관심을 사로잡는 비주얼을 만드는 데 많은 시간, 돈, 에너지를 쏟아부을 필요가 없어지게 되었다.

소비자 동기를 기반으로 광고의 개인화

오늘날에는 다양한 유형의 사람들의 동기와 관련된 언어와 콘텐츠를 이해한 다음, 해당 동기를 반영하는 광고 콘텐츠를 자동으로 생성할 수 있는 AI 설루션이 있다. 예를 들어 사용자 A는 할인과 가치를 강조하는 언어에 더 잘 반응할 수 있고, 사용자 B는 흥분하고 즐겁게 하는 언어에 더 잘 반응할 수 있다. AI는 실제로 이러한 차이를 알아차리고, 각 사용자에게 어필하기 위해 다양한 방식으로 광고 메시지를 맞춤화할 수 있게 되었다.

광고 효과의 예측

방대한 양의 광고 데이터로 훈련된 AI를 사용하면 광고가 출시되기 전에 얼마나 효과적일지를 예측할 수 있다. 이는 AI가 수백만 개의 성공적인 캠페인에서 신호를 추출한 다음, 이를 새로운 캠페인에 적용할 수 있기 때문이다. 과거에는 목표 고객에게 어떤 광고 요소가 가장 어필할 것인지를 추측했다면 AI를 사용하면 결과에 대한 예측 가능성이 비교할 수 없을 정도로 증가하게 되었다.

경쟁사의 광고 전략 감시

광고주 대부분은 적극적으로 경쟁하는 다른 광고주들과 치열한 경쟁에 직면하게 된다. AI는 경쟁 상황에서 해당 광고주가 경쟁 광고주에 비해 우위를 차지할 기회를 제공해 준다. 오늘날 경쟁사의 광고 전략을 본질적으로 감시할 수 있는 AI 도구가 있는데, AI를 사용하여 경쟁사가 어떤 플랫폼에서 어떤 광고를 실행하고 있는지, 얼마나 지출하고 어떤 상품을 홍보하고 있는지를 전체적으로 파악할 수 있도록 해 준다. 이러한 정보를 종합적으로 분석하면 경쟁자가 정확히 무엇을 하고 있는지를 알 수 있어서 경쟁자를 따돌리기 위한 통찰력을 얻을 수 있다.

광고에서 AI의 활용 사례

미래 지향적인 브랜드는 오늘날 AI 기술을 활용해 광고 생산성과 성과를 높이고 있다.

장비 회사 홀트 캣의 AI 광고 활용 최고 인재 영입

홀트 캣(HOLT CAT)은 특정 사업 라인 전반에 걸쳐 인재를 유치하는 데 관심이 있는 중장비 회사다. 그런데 인력 부족으로 고객 작업이 지연되고 새로운 판매가 늦어졌다. 홀트 캣은 AI를 사용하여 빠르고 효과적으로 인재를 유치할 수 있는 광고 캠페인을 만들었다.

직원 데이터와 AI 기반 광고 플랫폼 AI애드버타이징(AiAdvertising)을 사용하여 홀트 캣은 공석에 대한 최고 후보자에게 어필하는 광고 메시지를 개인화할 수 있었다. 이 도구를 사용하여 정확한 광고 수익률(ROAS, Return on Advertising Spend)에 대한 명확성을 얻고 채용 비용도 20% 절감할 수 있었다. 이 회사는 캠페인을 시작한 이후로 270명의 신입 직원을 채용했으며,이 중 40%가 광고에 영향을 받아 회사에 합류했다고 보고했다.

세계 최대 투자 회사 뱅가드 사례

세계 최대 규모의 투자 회사 중 하나(운용 자산 규모가 7조 달러)인 뱅가드(Vanguard)는 AI 언어 플랫폼인 페르사도(Persado)를 활용해 고도로 개인화된 광고를 실시했다.

이 회사의 뱅가드 인스티튜셔널(Vanguard Institutional) 사업은 엄격하게 규제되는 광고 환경에 직면해 있었으며, 링크드인(LinkedIn)에서만 광고를 게재할 수 있었다. 회사가 광고에서 무엇을 말할 수 있고 말할 수 없는지에 대한 규제로 인해 금융 서비스 광고 분야에서는 활용 가능한 방법이 매우 적었다.

페르사도 AI를 활용하여 뱅가드는 광고를 극도로 개인화하고 대규모로 테스트하여 소비자에게 어떤 접근 방식이 공감을 얻는지 정확히 확인할 수 있었다. AI 없이는 불가능한 수준의 개인화 및 테스트였다. 그 결과 회사는 전환율을 15% 높일 수 있었다.

전자 상거래 회사 레드벌룬의 광고 지출 수익률 3000% 달성 사례

또 다른 주목할 만한 사례 중 하나는 AI 광고 시스템이 전자 상거래 회사가 비용을 절감하는 동시에 광고 지출에 대한 수익률을 3000% 달성하는 데 도움을 준 경우다. 〈샤크 탱크 오스트레일리아(Shark Tank Australia)〉의 진행자인 기업가 나오미 심슨은 레드벌룬(RedBalloon)이라는 회사를 소유하고 있는데, 이 회사는 온라인에서 선물과 경험을 판매한다. 그녀는 브랜드의 디지털 광고를 운영하기 위해 광고 대행사에만 매달 4만5000달러를 지출했다. 당시 그녀는 한 명의 고객을 확보하기 위해 50

달러 이상을 지불했다. 그럼에도 광고 수익률이 높지 않았는데, 이러한 문제를 해결하기 위해 모든 가능성을 모색하게 되었다. 그 과정에서 앨버트(Albert)라는 광고용 AI 도구를 찾았고, 이 도구는 정교한 AI를 사용하여 광고 캠페인을 분석한 다음, 타기팅, 테스트 및 예산을 관리해 주었다.

이 도구는 광고 전문가가 할 수 없는 일을 가능하게 해 주었다. 단 하루 만에 구글 텍스트 광고의 6500가지 변형을 테스트하고 실험을 하도록 해 주었다. 시간이 지남에 따라 이 도구가 데이터에서 학습하여 성과를 개선하는 효과가 높아져 레드벌룬의 광고 지출 수익률이 급등했다. 한때 이 회사의 광고 지출 수익률은 무려 3000%에 도달하기도 했다. 또 효율성이 개선되어 마케팅 비용을 25% 절감할 수 있었다.

맥도날드

맥도날드는 IBM 왓슨 애드버타이징(IBM Watson Advertising)와 협력하여 한정된 기간 제공되는 맥카페 스페셜티 커피에 대한 기대감과 인지도를 높였다. 목표는 참여도를 높이고 매장 내 구매를 유도하며, 매장 방문자 수 수를 측정하는 것이었다. 그들은 더 웨더 채널(The

Weather Channel) 모바일 앱에서 영향력 있는 브랜드 배경과 네이티브 사진을 활용하여 사용자의 관심을 매끄럽게 사로잡았다. IBM 왓슨 애드버타이징의 퍼스트 파티 데이터를 활용하여 맥도날드는 패스트푸드(QSR, Quick Service Restaurant) 아침 식사 스타일 식당을 자주 이용하는 밀레니얼 세대를 타깃으로 삼았으며, 특히 18~49세 여성을 중점적으로 다뤘다.

결과는 인상적이었으며, 광고는 약 500만 회의 노출을 얻었다. 그들은 카테고리 벤치마크보다 168% 더 효율적인 방문당 비용을 달성했고, 모바일 브랜드 배경은 벤치마크보다 25% 더 높은 0.71%의 클릭률을 달성했다.

아마존

아마존은 빅 데이터의 힘을 활용하여 개인화된 추천과 가격 최적화를 혁신했다. 아마존은 2억 개 고객 계정의 데이터를 분석하고 140만 개의 서버에 10억 GB가 넘는 데이터를 호스팅하여 맞춤형 쇼핑 경험을 제공하기 위한 데이터 기반 전략을 구현했다. 이들의 추천 알고리즘은 구매 내역, 검색 행동, 소셜미디어 언급과 같은 요소를 통합하여 고객에게 개인화된 제품을 추천함으로써 추가 수익 발생과 고객 만족도 제고를 이루었다.

아마존은 또한 시장에서 경쟁력을 유지하기 위해 가변적인 가격 정책을 활용했다. 그들은 고객 활동, 경쟁자 가격, 주문 내역과 같은 다양한 출처의 데이터를 지속적으로 모니터링해서 10분마다 제품 가격을 조정했다. 이러한 역동적인 가격 책정 전략을 통해 전반적으로 가장 좋은 가격을 제공한다는 인식을 구매자에게 심어, 수익성을 확보하는 동시에 고객 충성도를 유지할 수 있었다.

SBT

브라질 방송사 SBT는 인공지능과 머신 러닝을 성공적으로 활용해 소셜미디어 성과를 강화했다. 다양한 플랫폼에 분산된 콘텐츠 게시 과제에 직면한 SBT는 AI 기반 마케팅 자동화 기술을 구현했다. 이를 통해 팀은 소셜미디어 출력을 정렬하고, 워크 플로를 자동화하고, 콘텐츠 전략을 최적화하여 도달 범위, 가시성 및 참여를 개선할 수 있었다.

SBT는 AI 기반 추천과 실시간 추세 데이터를 바탕으로 청중 분석 페이스북의 동적 알고리즘을 활용해 콘텐츠를 공유할 가장 좋은 시기를 결정했다. 주식 실적에 대한 지속적인 분석과 계산을 통해 SBT는 최적의 게시 시간을 파악하고 최신 데이터에 따라 조정할 수 있었다. 그 결과 SBT는 페이스북 및 트위터와 같은 플랫폼에서 일일 클릭 수, 유기적 노출 수, 페이지 뷰가 증가하는 등 상당한 개선을 이루어 냈다.

참고문헌

Basaria, T.(2024). How AI is Transforming Advertising. https://geomotiv.com/blog/ai-in-digital-advertising/

DeLegge, P.(2024). How AI Is Transforming Marketing. https://marketinghire.com/career-advice/how-ai-is-transforming-marketing

Kaput, M.(2024). AI in Advertising: Everything You Need to Know. https://www.marketingaiinstitute.com/blog/ai-in-advertising

Kohli, S.(2025). Will Marketing be Replaced by AI? What You Need to Know. https://writesonic.com/blog/will-marketing-be-replaced-by-ai

06
딥페이크와 가짜 정보의 관리

AI는 고급 필터링 알고리즘과 실시간 사실 확인 도구를 통하여 딥페이크와 가짜 정보를 감지하고 대응할 수 있는 설루션을 제공해 준다. 고급 알고리즘은 소셜미디어와 온라인 플랫폼을 모니터링하고 분석하여 잘못된 정보를 빠르게 감지할 수 있다. AI 기반 사실 확인 도구는 검증된 데이터 소스와 주장을 교차 검증하여 잘못된 정보의 확산을 막거나 줄여 준다.

AI와 야구?

딥페이크, 모욕 콘텐츠, 학대 콘텐츠

AI 기술은 설득력 있는 가짜 텍스트, 이미지, 오디오 및 비디오(종종 '딥페이크'라고 함)를 생성할 수 있는 능력을 갖추고 있어서 사람들은 진짜 콘텐츠와 합성 창작물을 구별하는 데 상당한 어려움을 겪고 있다. 이러한 기능을 통해 범죄자는 허위 정보 캠페인을 자동화하고 확장하여 도달 범위와 영향을 크게 높일 수 있다.

물론 AI 기술을 기반으로 허위 정보와 잘못된 정보에 맞설 수 있기도 하다. 고급 AI 기반 시스템은 패턴, 언어 사용 및 맥락을 분석하여 콘텐츠 조정, 사실 확인 및 허위 정보 탐지를 지원하고 있다.

잘못된 정보(의도치 않은 허위 사실의 확산)와 허위 정보(의도적인 확산) 간의 미묘한 차이를 이해하는 것은 효과적인 대책 마련을 위해 필수적이다. 검증되지 않은 AI 기반 허위 정보의 확산은 매우 심각한 사회적 문제를 야기하며, 사회 구조 자체를 침식할 수도 있다. 세계 경제 포럼이 발표한 2024년 글로벌 위험 보고서에는 잘못된 정보와 허위 정보가 향후 몇 년 동안 심각한 위협 요인으로 작용할 것이며, 이러한 문제를 각 국가가 어떻게 극복할 것인가가 중요한 과제가 되었다고 밝혔다.

또 AI의 정치적 오용은 심각한 위험을 초래하기도 하

는데, 딥페이크와 AI가 생성한 콘텐츠의 빠른 확산으로 유권자들이 진실과 거짓을 구별하기 어렵게 만들어 잠재적으로 유권자 행동에 영향을 미치고 민주주의 과정을 훼손할 수 있다. 즉, 공정한 선거가 흔들릴 수 있고 공적 기구에 대한 대중의 신뢰가 약화할 수 있으며, 극심한 사회적 불안이 야기될 수도 있고 이러한 불안이 심지어 폭력 사태로 번질 수도 있다.

게다가 AI가 생성한 유해한 콘텐츠를 바탕으로 한 캠페인은 특정 계층을 겨냥할 수 있다. 예를 들어, 성별에 따른 허위 정보는 고정 관념과 여성 혐오를 영속화하여 남녀 간 갈등을 고착화할 수 있다. 이러한 캠페인은 대중의 인식을 조작해 광범위한 사회적 피해를 초래하고 사회적 분열을 심화할 수 있다.

생성형 인공지능과 딥페이크

딥페이크와 거짓 정보의 확산 위험성은 생성형 인공지능(GenAI)에서 유래하며, 이는 기존 AI의 오랫동안 알려진 위험보다 훨씬 더 위험하고 파괴적이라 할 수 있다. 생성형 인공지능은 사실적인 콘텐츠를 빠르게 대량으로 만드는 것을 가능하게 해 준다. 이러한 문제는 개인, 조직, 정치 기관 및 사회 전체에 광범위하게 영향을 미치기 때문에 매우 중요하다. 이러한 위험을 적절히 해결하는 것은 매우 중요하며 다양한 이해관계자의 입법 조치, 거버넌스 및 사전 예방 조치의 조합이 필요하다.

생성형 인공지능은 사진이나 사람의 음성 조각을 기반으로 사람의 현실적이고 설득력 있는 이미지, 비디오 및 오디오를 만드는 기이한 능력을 가지고 있다. 이는 딥페이크를 생성하는 데 사용될 수 있는데, 현실에서 일어나지 않은 것을 묘사하는 기능을 의미한다. 생성형 인공지능은 비디오에서 개인의 목소리를 수정하여 다른 것을 말하는 것처럼 보이게 하거나 원래는 없었던 비디오에 사람을 스티치(stitch)할 수 있게 해 준다.

딥페이크는 해로운 목적, 특히 '딥페이크 포르노'에 사용될 수 있는데, 실제로 이미 빈번히 활용되고 있는 실정이다. 일례로 2024년 초, 테일러 스위프트의 노골적인 성적 이미지가 소셜미디어 플랫폼에 공개적으로 공유되었는데, 이는 딥페이크였고 생성형 인공지능이 만든 이미지였다. 이러한 딥페이크 이미지는 테일러 스위프트의 동의 없이 이루어진 것으로서 그녀의 성적 이미지가 아무런 문제 없이 소셜 플랫폼을 타고 확산된 것이었다.

딥페이크로 인한 피해는 유명인에게만 국한되지 않는다. 생성형 인공지능 애플리케이션이 사용자가 '좋아하는 모든 여성의 합의되지 않은 포르노를 만드는 것'을 가능하도록 해 주고 딥페이크 복수 포르노 시장에서 놀라운 정도로 성장세를 나타내고 있다는 보고가 있다. 미국 온라인안전국(eSafety Commissioner)에 의하면 어린이들이 이미지 생성기를 사용하여 친구의 성적 이미지를 만들어 괴롭히는 사례가 늘어나고 있기도 하다.

사기 행위

설득력 있는 딥페이크 영상에서 최고경영자(CEO)가 실제로 일어나지 않은 주요 제품 리콜을 발표하거나, AI가 생성한 이미지에서 본사가 불타고 있는 장면을 보여 주기도 한다. 이러한 가짜 이미지나 영상은 이미 보편적으로 활용되고 있다. 2023년, 건물에서 연기가 피어오르는 단 하나의 가짜 이미지가 주식 시장을 공황 상태에 빠지게 해 주식 매도를 촉발하면서 인공 콘텐츠가 실제의 재무에 얼마나 빨리 영향을 미칠 수 있는지를 보여 주었다. 이러한 위험성은 공모나 합병 및 인수와 같은 민감한 시기에 특히 심각한 결과를 초래할 수 있다.

딥페이크로 조직의 평판이 훼손되기도 한다. 오늘날의 딥페이크 기술은 고위 임원의 목소리를 너무나 정확하게 복제하여 수년간 신중하게 구축한 신뢰를 몇 분 만에 파괴할 수 있는 가짜 연설이나 인터뷰를 만들어 낼 수 있다. 사기꾼이 합성 음성과 딥페이크 비디오를 사용하여 직원들이 상당한 금액을 가짜 계좌로 이체하도록 설득하는 사례도 점점 늘어나고 있다.

AI는 몇 초 만에 수천 개의 설득력 있는 가짜 리뷰를 생성할 수 있으며, 잠재적으로 고객 신뢰를 파괴할 수 있다. 더욱 우려되는 것은 범죄자들이 AI를 사용하여 사기성 대출 신청을 위해 훔친 신분증 사진을 애니메이션화하는 정교한 신원 도용 계획의 출현이다.

범죄자들은 유명인의 가짜 홍보 영상을 제작하여 소비자들을 현혹하기도 한다. 2023년 후반, 치과 보험을 홍보하기 위해 톰 행크스의 딥페이크 비디오를 활용한 광고가 온라인에 유포된 적이 있다. 또 앤드루 포레스트, 일론 머스크, 샘 커 등이 딥페이크 기술에 의해 피해를 입었는데, 사기꾼들은 딥페이크 이미지를 사용하여 소비들이 가짜 온라인 거래 플랫폼에 투자하게 만들었다.

허위 정보

생성형 인공지능은 종종 사용자 입력이나 학습된 기본 데이터 세트를 기반으로 착각을 일으킬 수 있는 거짓 정보를 만들어 낼 수 있다. 이러한 착각은 다양한 맥락에서 피해를 입힐 수 있는데, 예를 들어 잘못된 의학적 진단이 환자의 건강을 악화할 수 있고 잘못된 재무 데이터가 불건전한 투자로 사람들을 이끌 수 있다.

가짜 뉴스

생성형 인공지능은 방대한 양의 콘텐츠를 바탕으로 의도적으로 거짓 정보를 만들고 퍼뜨릴 수도 있다. 이러한 현상은 이미 새로운 것이 아니며, 생성형 인공지능이 '가짜 뉴스'를 만드는 데 활용되어 온라인에서는 사실이 아닌 기사의 유포가 증가하고 있다.

차원별 생성형 인공지능의 폐해

생성형 인공지능과 관련된 문제와 위험성은 개인, 조직, 정치, 사회 전반에 걸쳐 영향을 미치기 때문에 중요한 의미를 지닌다.

개인

생성형 인공지능은 특정 개인의 딥페이크를 만들거나 거짓 진술을 만들어 피해를 야기할 수 있는 거짓 정보를 만든다. 딥페이크에 의해 피해를 입은 개인들은 심리적 차원의 손상은 물론 명예 훼손을 경험할 수도 있다. 이렇게 생성된 이미지나 진술은 영구적으로 삭제되지 않기 때문에 그 피해가 영구적으로 나타나기도 한다.

딥페이크로 인한 개인의 경제적 피해도 심각한 문제로 대두되고 있다. 사기꾼들이 피해자의 돈을 갈취하기 위해 딥페이크를 활용하는 사례가 급증하고 있는데, 아시아 태평양(APAC) 지역에서 2023년 딥페이크 피해 사례가 2022년 대비 1530% 증가했다.

조직

개인과 마찬가지로 조직도 잘못된 정보로부터 악영향을 받을 수 있다. 조직이 잘못된 정보의 확산에 직접적으로 관여하든 의도치 않게 영향을 받든, 인공지능은 조직의 평판과 신뢰성을 위협하는 새로운 요인으로 부상하고 있다.

2023년 세계적인 회계 및 경영 컨설팅 업체, KPMG가 미 상원위원회에 자료를 제출하면서 세븐일레븐(Seven-Eleven) 측이 구글의 인공지능 도구 바드(Bard)를 이용하여 임금 절도 스캔들에 연루되었다는 거짓 정보를 만들어 내기도 했다. 이 사례를 통하여 KPMG는 심각한 평판 손상을 입었으며 의회 조사의 신뢰성을 훼손하기도 했다.

정치적 차원

생성형 인공지능은 정치적 허위 정보를 퍼뜨리고 선거에 개입하기 위해서도 활용될 수 있다. 미국의 힐러리 클린턴이 플로리다 주지사 론 드산티스를 지지하는 딥페이크 영상이나 조 바이든이 유권자들에게 민주당 예비선거에서 투표하지 않을 것을 촉구하는 '로보콜' 등이 정치 영역에서 딥페이크가 활용된 좋은 예다.

생성형 인공지능에 의한 선거 개입은 최근 슬로바키아와 인도 등에서 확인되었으며, 2023년 아르헨티나 총선에서도 광범위하게 활용되었는데 ≪뉴욕타임스≫는 이를 가리켜 '최초의 AI 선거'로 명명하기도 했다. 생성형 인공지능은 유권자 의견을 모으는 것은 물론 특정 정치적 어젠다를 형성하고 이끌어가는 데 뛰어난 능력을 보여 주고 있다.

사회적 차원

생성형 인공지능이 개인, 조직, 또는 정치 차원에 미치는 영향은 포괄적인 사회적 문제를 야기하기도 한다. 딥페이크 배포를 허용함으로써 성차별, 무례, 괴롭힘, 또는 불평등에 대한 개념을 정상적인 것으로 인식시킴으로써 바람직하지 않은 사회 규범과 가치를 영속화하기도 한다. 이 경우 법 집행 기관이 딥페이크를 퇴치하려는 시도를 하지 않을 수 없게 함으로써 사회적 비용을 발생시킨다.

생성형 인공지능의 위험성 해결 방법

법률 제정

법적 제한은 생성형 인공지능의 유해한 사용을 규제할 수 있는 직접적인 방법이다. 일례로 호주의 '온라인 안전법 2021'(이하 '법')은 온라인 피해에 대한 보호 확대를 포함하여 호주의 온라인 안전 프레임워크를 강화하기 위해 도입되었다. 이 법은 특히 친밀한 이미지의 동의 없는 게시 같은 특정 유형의 콘텐츠를 금지한다(섹션 75). 여기에는 디지털로 변경되고 생성된 이미지를 포함하며 딥페이크도 포함된다[섹션 15(5)]. 따라서 개인은 학대적인 콘텐츠를 온라인안전위원회(eSafety)에 신고할 수 있으며, 위원회는 해당 콘텐츠를 삭제하라는 명령을 통지할 수 있다(섹션 77).

2024년 5월, 호주 정부는 딥페이크 포르노의 제작 및 배포를 금지하는 법안 도입 계획을 발표했다. 미국에서도 딥페이크 포르노와 선거에 영향을 미치기 위해 제작

된 딥페이크를 금지하는 법안을 준비 중이며, 2024년 상반기 통과된 EU 인공지능법은 AI 시스템 제공자가 AI에서 생성된 콘텐츠를 감지할 수 있도록 보장해야 하는 요구 사항을 도입했다.

거버넌스

실체적 수준에서 생성형 인공지능을 활용하고 상호 작용하는 개인들은 이것의 사용을 효과적으로 감독하기 위해 강력한 거버넌스를 확립해야 한다. 거버넌스 프레임워크에는 생성형 인공지능의 책임 있는 사용에 대한 지침, 콘텐츠 조정 프로토콜 및 책임 메커니즘이 포함될 수 있다.

AP 뉴스와 같은 저명한 뉴스 기관은 AI가 생성한 미디어를 포함하여 '가짜 뉴스'를 탐지하는 작업을 사실 확인 부서에서 전담하고 있다. 소셜미디어 플랫폼 X에는 사용자가 오해의 소지가 있는 미디어를 신고할 수 있는 '커뮤니티 메모' 기능이 있어서 사용자의 권한 강화와 자율성을 실현하도록 하고 있다.

교육 및 인식

생성형 인공지능에 의한 악의적인 콘텐츠가 각종 피해

를 야기하고 법률 및 거버넌스 메커니즘에서 해결되지 않는 경우, 효과적인 교육을 통해 개인이 AI가 생성한 콘텐츠를 포함한 온라인 미디어에 대한 올바른 결정을 내리고 잠재적인 피해로부터 자신을 보호할 수 있도록 해야 한다.

캐나다에서는 체험 워크숍을 통해 젊은이들에게 통제된 환경에서 딥페이크 기술을 소개하고 실제 사용 사례를 보여 주는 교육을 하고 있다. 호주에서도 비슷한 교육 프로그램이 실행되고 있는데, 서부 시드니 대학은 청소년을 대상으로 뉴스 미디어 리터러시 교육을 실시하고 있다 .

기술

보다 진보된 AI 기술은 AI가 지니는 위험성과 문제점을 극복하는 데 효과적인 도구가 될 수 있다. 이러한 AI 기술은 허위 정보, 딥페이크 및 학대적 콘텐츠를 탐지하고 식별할 수 있도록 해 준다. 예를 들어 유튜브와 같은 플랫폼에서 콘텐츠 자동 조정 시스템을 가동하기 위해 AI 도구를 활용하고 있다. 이러한 AI 기술을 온라인 플랫폼에 통합하면 AI에 의한 콘텐츠의 위험으로부터 특정 계층을 보호할 수 있게 된다.

참고문헌

Li, C. & Callegari, A.(2024). Stopping AI disinformation: Protecting truth in the digital world. https://www.weforum.org/stories/2024/06/ai-combat-online-misinformation-disinformation/

Lim, C., et al.(2024). Risks of Gen AI – Deepfakes to disinformation: esafety and authenticity. https://www.kwm.com/au/en/insights/latest-thinking/risks-of-gen-ai-deepfakes-to-disinformation-esafety-and-authenticity.html

Marr, B.(2024). The Dark Side Of AI: How Deepfakes And Disinformation Are Becoming A Billion-Dollar Business Risk. https://www.linkedin.com/pulse/dark-side-ai-how-deepfakes-disinformation-becoming-business-marr-waf7e

07
이해관계자와 AI

AI 기반 분석은 이해관계자의 우려 사항을 예측하고 실행 가능한 통찰력을 제공하여 사전 예방적 토론을 촉진한다. AI 기반 가상현실(VR) 시뮬레이션은 이해관계자에게 프로젝트 결과나 과제를 시각화하여 프로젝트에 대한 참여도를 높일 수 있다. AI 도구는 이해관계자 피드백을 분석하여 그들의 의견에서 감정, 긴급성, 관련성을 파악하도록 프로그래밍할 수 있다.

AI와 윤동주?

이해관계자 관리를 위한 AI 활용 가이드

AI는 조직과 이해관계자의 커뮤니케이션 개선, 상호 작용 맞춤화, 이해관계자 행동 이해를 위한 강력한 도구다. 아울러 비인격화, 편견, 과도한 자동화와 같이 기존에는 경험하지 못한 새로운 문제점을 야기하기 때문에 신중한 관리가 필요하다.

기업이 이해관계자 관리에서 AI의 역량을 활용하려면 기술을 효율적으로 활용하는 것은 물론 견고한 신뢰 관계를 발전시키기 위한 인간적 접촉을 유지하는 것이 바람직하다. 기업은 이해관계자를 운영의 핵심으로 유지하면서 AI의 잠재력을 최대한 활용함으로써 역동적인 환경에 효과적으로 대응할 수 있다.

이해관계자의 요구 사항 예측

이해관계자의 요구 사항은 고정되어 있지 않고 시장 동향, 회사 실적 및 기타 다양한 요인에 따라 진화한다. AI의 예측 분석을 활용하여 조직 관리자는 긴급한 문제로 발전하기 전에 이러한 요구 사항을 파악할 수 있다. 조직은 예측 분석을 통해 사전 예방적 접근을 함으로써 이해관계자들의 우려 사항이 무엇인지 사전에 해결할 수 있게 된다.

자동 요약을 통한 효율적인 커뮤니케이션

AI는 긴 회의나 복잡한 보고서를 간소화하는 데 도움을 준다. AI 도구는 길고 복잡한 문서를 간결하게 요약해 줘서 빠르고 간편한 정보 소비를 가능하게 해 준다. 이를 통해 조직 관리자와 이해관계자가 시간과 에너지를 낭비하지 않고도 서로의 관심 영역을 이해할 수 있도록 해 준다.

향상된 피드백 메커니즘

피드백은 이해관계자 관리의 초석이다. AI 기반 감정 분석 도구는 이메일, 설문 조사 또는 소셜미디어 언급 등에서 이해관계자 커뮤니케이션을 분석함으로써 그들의 전반적인 감정을 파악하게 된다. 이를 통해 이해관계자들이 가진 조직에 대한 감정을 긍정적/부정적인 이분법적으로 파악하는 것을 넘어서 그들의 조직에 대한 태도나 의견을 보다 섬세하게 이해할 수 있도록 해 준다.

데이터 기반 의사 결정

AI는 조직으로 하여금 데이터를 기반으로 하고 사실적인 정보에 입각한 의사 결정을 내리는 것을 가능하게 해 준다. 머신 러닝 모델을 통해 조직 관리자는 이해관계자의 전략적 행동의 결과를 예측할 수 있다. 이처럼 AI 도구는 조직의 모든 의사 결정이 데이터에 근거해 가장 합리적으로 진행된다는 사실을 보여 줌으로써 이해관계자의 신뢰를 보다 확고히 할 수 있다.

이해관계자 맞춤 상호 작용

모든 이해관계자는 각자 개성을 가지고 있어서 이를 인식하고 그에 따른 행동을 결정하는 데 AI가 유용한 도구가 될 수 있다. AI는 각 이해관계자의 과거 상호 작용을 분석하여 그들에게 가장 적합한 접근 방식이 무엇인지를 조직에 안내한다. 과거 데이터를 바탕으로 각 이해관계자와 상호 작용 방식을 결정하는 것이 효율성의 극대화를 위해서 중요하다.

자동화로 시간 절약

이해관계자 관리의 상당 부분은 미팅 일정을 잡고, 알림을 보내고, 후속 조치를 취하는 행정적인 절차에 할애된다. AI 기반 도구는 이러한 작업을 자동화하여 조직 커뮤니케이션 담당자들이 이해관계자 관리에서 가장 중요한 관계를 구축하고 유지하는 데 더 많은 시간을 할애할 수 있도록 해 준다.

테이크 어웨이

조직 리더나 관리자들이 이해관계자 관리 프로세스에 AI를 통한다고 해서 인간적인 접촉의 모든 것을 대체해 주지는 않는다. 그 대신 이해관계자를 좀 더 효과적으로 이해하고, 소통하고, 대처하는 능력을 향상해 줄 뿐이다.

순간순간 이해관계자와 맺는 진솔하고 의미 있는 관계가 좀 더 중요해진 시대에 AI 기술은 보다 효율적이고 통찰력 있게, 개인별 맞춤형으로 이해관계자와 관계 맺는 것을 가능하게 해 준다. 다른 모든 기술과 마찬가지로 그 효능은 기술 사용자에게 달려 있는데, 사용자는 열린 마음으로 AI를 받아들이고, 보다 객관적인 데이터를 기반으로 조직과 이해관계자가 상호 의존적이고 호혜적인 관계를 구축하는 데 AI를 활용하는 것이 바람직하다.

인공지능의 이해관계자는 누구인가?

이해관계자는 문제 해결 및 의사 결정의 일부로서 프로젝트 전반에 직간접적으로 관여하거나 단순히 관찰자로 참여하는 사람들이다. 이해관계자는 수동적인 역할에서부터 적극적이고 핵심적인 역할을 수행하는 구성원에

이르기까지 다양한 형태로 존재하게 된다.

인공지능의 주요 이해관계자는 다음과 같다.

〈조직적〉

-임원진

-라인 매니저

-직원

-노동조합

〈제품/시장〉

-고객

-공급업체

-지역 커뮤니티

-경쟁자

-정부

-공공 부문

〈자본 시장〉

-채권자

-주주들

-은행

기업은 조직 내 이해관계자에 초점을 맞춘 프로젝트를 진행할 때 AI를 좀 더 적극적으로 활용하고자 한다. 그것은 AI 도입과 관련된 초기 의사 결정 프로세스와 범위, 데이터 저장 및 보안 처리에 대한 명확한 이해 등 여러 요인으로부터 기인한다.

소규모 또는 전통적인 프로젝트에서 관리자는 일반적으로 주요 이해관계자로서 스폰서와 영향을 받는 모든 이해관계자와 상호 작용한다. 스폰서는 일반적으로 프로젝트에 자금을 지원하는 조직을 말하는데, 이들과 AI 사용에 대한 합의를 하는 것은 어렵지 않을 수 있다. 그러나 프로젝트 규모가 커질수록 상호 작용해야 하는 이해관계자의 수가 늘어나게 된다. 이들은 지리적으로 분산되어 있기도 하고 각자 서로 다른 관리 수준에 처해 있기도 하며 각각 다른 권한 수준과 언어 및 문화적 차이를 나타내기도 한다. 이렇게 차별적인 모든 이해관계자들과 정기적으로 상호 작용하고 어떤 결정을 내리는 것은 시간이 많이 소요되기도 하고 복잡한 과정을 거쳐야만 한다. 이 과정에서 특정 이해관계자가 AI 활용을 반대하는 경우 이해관계자 전체가 이를 둘러싼 합의를 이끌어 내는 것은 그리 간단하지가 않다.

이해관계자의 동의를 얻는 것

모든 이해관계자를 일렬로 세우고 모든 결정에 획일적으로 동의하게 하는 것은 현실적으로 불가능하다. 현실적으로 주어진 시점에 가능한 한 많은 이해관계자의 이해와 동의를 얻는 것이 중요하다. 기업은 특정 프로젝트의 진행에서 장기적 목표를 염두에 둘 수 있는데, 이러한 목표가 반드시 각 이해관계자의 목표와 일치하지 않는 경우도 있다. AI 활용의 결과가 기업의 전략적 목표에 부합하지만 다른 이해관계자의 목표와는 별개인 경우에는 어떻게 대응하는 것이 바람직할까? 반대로 AI 활용의 결과가 이해관계자의 목표에 부합하지만 기업의 목표를 지지하지는 않을 때 어떻게 대응해야 할까?

또 다른 형태의 합의는 이해관계자가 서로 어떻게 상호 작용할 것인지에 관한 것이다. 특정 이해관계자들이 상호 작용하고 리소스 공유, 재정 지원 시점, 지적 재산 공유와 관련하여 합의해야 하는 경우도 있다. 모든 이해관계자가 이러한 합의의 필요성을 인식하지만 프로젝트 관리자가 통제할 수 없는 정치 및 경제 상황, 그리고 기타 기업 환경 요인으로부터 영향을 받을 수 있다. AI 사용 여부에 대한 의견 불일치가 나타날 때 프로젝트 매니저는 이해관계자를 어떻게 관리하는 것이 가장 바람직

할까?

이러한 경우에 프로젝트 매니저는 모든 이해관계자가 프로젝트의 성공을 바라는 것이 아니라는 점을 이해할 필요가 있다. 이해관계자가 프로젝트가 완료되는 시점에 회사에서 권력, 권한, 지위를 잃거나 최악의 경우 직장을 잃을 수도 있다고 판단하면 프로젝트의 성공을 바라지 않을 수 있다. 이 경우 이해관계자는 침묵을 지키거나 실패로 이어질 수 있다는 것을 알면서도 AI 활용을 지지하기도 한다.

숨겨진 의도를 지닌 이해관계자를 파악하는 것은 쉽지 않다. 이런 사람들은 감정을 숨기거나, 정보 공유를 꺼리거나, 심지어 의도적으로 잘못된 정보를 확산시킬 수도 있다. 프로젝트나 AI 사용에 대한 특정 이해관계자의 적극적인 지지를 확인할 수 있는 뚜렷한 방법은 없지만 이해관계자가 프로젝트 범위 변경을 승인하거나, 추가 투자에 동의하거나, 합법적인 리소스를 할당하기를 꺼린다면 이들이 프로젝트를 지지하지 않는다고 해석할 수도 있다.

이해관계자 매핑

다양한 이해관계자가 존재하는 대규모 프로젝트에서는

프로젝트 관리자가 모든 이해관계자에 적절하게 대응하는 것이 불가능할 수 있다. 따라서 프로젝트 관리자는 가장 영향력 있는 이해관계자가 누구인지, 프로젝트에서 AI를 사용하는 데 가장 강력한 지지자가 누구인지를 파악해야 한다.

누가 AI 활용을 지지할까?

AI가 내리는 결정에 직간접적으로 관여하거나 관여해야 하는 사람은 누구일까, AI가 내린 결정에 불편함을 느낀다면 프로젝트를 중단할 권한이 있는 사람은 누구일까, AI에 관해 다른 사람보다 더 많은 정보를 필요로 하거나 더 적은 정보를 필요로 하는 사람은 누구인지를 파악하는 것이 중요하다.

모든 이해관계자가 적시에 결정을 내리거나 AI 결정을 지지하는 데 영향력과 권한이 동일한 것은 아니다. 프로젝트 관리자는 이해관계자 역량 목록에서 맨 위에 있는 사람이 누구인지를 알아야 한다. 특히 장기 프로젝트는 프로젝트가 진행되는 동안 이해관계자가 변경될 수 있다는 점을 기억해야 한다. 특정 이해관계자의 중요성 또한 프로젝트 수명 주기 단계에 따라 변경될 수 있다. 따라서 이해관계자 목록은 언제나 그 위치가 변경될 가능성을 포함하고 있다.

이해관계자 매핑은 그들의 파워 수준과 관심 수준에 따라 아래와 같이 네 그룹으로 분류할 수 있다.

① 이해관계자 파워 高/이해관계자 관심 수준 高: 긴밀히 관리
② 이해관계자 파워 高/이해관계자 관심 수준 低: 만족 유지
③ 이해관계자 파워 低/이해관계자 관심 수준 高: 지속적인 정보 제공
④ 이해관계자 파워 低/이해관계자 관심 수준 低: 긴밀히 관찰

① 긴밀히 관리 필요 집단: 이 이해관계자는 수행하는 프로젝트의 성공 여부를 결정할 수 있는 강력하고 관심 수준이 높은 공중이다. 이들을 만족시키기 위해 최대한의 노력을 기울여야 하는데, AI의 이점을 잘 이해하고 프로젝트에서 AI를 적극 활용하는 것이 바람직하다.
② 만족 유지 집단: 이 이해관계자는 강력하지만 관심 수준이 낮은 공중으로서 프로젝트를 성공시키거나 실패시킬 수 있다. 이들은 AI 활용의 이점에 대해 최소한 피상

적 수준으로는 이해하고 있다. 이들을 만족시키기 위해 어느 정도의 노력을 기울이면서 지루함이나 완전한 무관심으로 이어지지 않도록 해야 한다. 이들은 프로젝트가 끝날 때까지 참여하지 않을 수도 있다.

③ 정보 욕구 집단: 이 이해관계자는 제한된 권한을 가지고 있지만 프로젝트에 관심이 많은 사람들이다. 이들은 AI 활용의 의미를 이해할 수도 있고 그렇지 않을 수도 있다. 이들은 단순히 정보를 얻고 싶어 하고 어떤 결정에 참여할 의사를 지니고 있는 집단이다.

④ 모니터 필요 집단: 이 이해관계자는 재난이 발생하지 않는 한 프로젝트에 관심이 없는 제한된 권한을 가진 공중이다. 이들에게 약간의 정보를 제공하는 것은 의미 있지만 흥미를 잃거나 지루해질 정도로 자세한 내용을 알려 줄 필요는 없다. 이들은 AI나 그 혜택과 한계에 대해 무관심한 집단이다.

오늘날 AI 활용이 증가함에 따라 이해관계자 참여는 프로젝트 시작 시에 이루어지는 것이 가장 바람직하다. 프로젝트 후기에 그들의 AI 사용에 대한 입장과 의사를 확인하는 것이 필요하며, 문제 해결 프로세스의 일부로 AI를 사용하는 것에 대한 그들의 반응을 이해하는 것이 중요하다. 또 윤리적인 AI 활용이 가능한지, 안전 프로토콜, 보증 구조가 명확한지를 이해해야 한다. AI 사용에 대한 지지나 저항을 포함한 소비자의 요구 사항과 문제 해결 및 의사 결정에 참여하고자 하는 욕구를 이해해야 한다.

참고문헌

Kerzner, H. & Farrow, E.(2023). The Impact of Artificial Intelligence on Stakeholder Relations management Practices. https://blog.iil.com/the-impact-of-artificial-intelligence-on-stakeholder-relations-management-practices/

Ladis, M.(2023). Leveraging AI for Tech Stakeholder Relations: A Pragmatic Guide for Leaders. https://www.linkedin.com/pulse/leveraging-ai-tech-stakeholder-relations-pragmatic-guide-marko-ladis-hftee

Maiorova, K.(2024). Stakeholder Management: Your Secret Weapon in the AI Era. https://hackernoon.com/stakeholder-management-your-secret-weapon-in-the-ai-era

Pirozzi, M.(2024). The Stakeholder Perspective in the Generative Artificial Intelligence Scenario. https://pmworldjournal.com/article/the-stakeholder-perspective-in-the-generative-artificial-intelligence-scenario

08
평판 관리와 AI

AI를 평판 관리 워크 플로에 통합할 수 있는 가장 생산적인 방법 중 하나는 리뷰 응답과 같이 시간이 많이 걸리는 작업을 간소화하는 도구를 활용하는 것이다. 리뷰를 분석하고 응답을 자동화할 수 있는 AI 평판 관리 플랫폼을 활용하면 리뷰 관리에 소요되는 시간을 대폭 줄일 수 있다. AI 도구는 리뷰의 감정 상태(좋음, 중립적, 나쁨)에 따른 응답을 만들고 리뷰에 언급된 특정 제품이나 서비스를 참조하여 개인에게 진짜처럼 느껴지도록 개인화된 응답을 제공할 수 있다.

AI와 한의학?

AI를 통한 온라인 평판 관리

오늘날의 디지털 세계에서 모든 온라인 상호 작용이 대중의 인식을 형성하는 가운데, 온라인 평판 관리(ORM, Online Reputation Management)가 그 어느 때보다 중요해졌다. 그러나 AI의 출현으로 온라인 평판 관리는 상당한 변화를 겪고 있다. AI라는 새로운 도구가 평판 관리 전략상의 변화를 가능하게 해 주는 한편 새로운 과제와 문제점을 던져 주고 있다.

알고리즘 편향 및 부정확성

AI는 방대한 양의 온라인 데이터에 대한 모니터링과 분석을 자동화할 수 있는 능력을 갖추고 있어서 평판 관리에 혁명을 불러올 수도 있다. 그러나 AI와 관련된 중요한 위험 중 하나는 알고리즘 편향성이다. AI 알고리즘은 내재적으로 편향성을 포함하는 대규모 데이터 세트로부터 학습된다. 이는 콘텐츠의 잘못된 분류 또는 편향된 검색 결과를 야기하여 왜곡된 평판을 형성할 수 있으며 궁극적으로 조직 이미지에 부정적인 영향을 끼칠 수 있다.

조직의 온라인 통제력을 약화함

AI가 온라인 평판 관리에 미치는 또 다른 중대한 위험은

이전보다 훨씬 효율적으로 거짓 정보를 만들고 배포하는 데 활용될 수 있다는 점이다. 그 결과 조직이 온라인 내러티브를 통제하는 것이 점점 더 어렵게 되고 있다.

자동화에 대한 과도한 의존

AI는 일상적인 작업의 자동화를 통하여 온라인 평판 관리 효율성을 높일 수 있지만, 자동화에 지나치게 의존하거나 컴퓨터에 의한 조정 및 관리로 인하여 지나치게 기계적으로 흐르게 할 수 있다. 예를 들어 고객 문의나 부정적인 리뷰에 대한 자동화된 응답은 문제를 효과적으로 해결하는 데 필요한 공감과 뉘앙스가 부족할 수 있다.

AI가 온라인 평판 관리에 미치는 영향

실시간 모니터링 및 위기 감지

AI 기반 소셜 리스닝 도구는 다양한 플랫폼에서 브랜드 언급, 감정 및 추세를 추적하여 회사가 잠재적 위기에 신속하게 대응할 수 있도록 해 준다. 이러한 실시간 모니터링 기능은 위험이 확대되기 전에 위험을 탐지하고 완화하는 데 필수다. 예를 들어 허브스폿(HubSpot)은 AI 기반 소셜 리스닝 플랫폼을 통해 회사가 소셜미디어, 블로그, 뉴스 사이트에서 자사 브랜드에 대한 대화를 모니터링하고 있다. 이를 통해 조직은 부정적인 감정을 미리 파악하고 문제를 해결하기 위한 적극적인 조치를 취할 수 있다.

개인별 맞춤형 분석과 예측 분석

AI는 개인별 맞춤형 분석과 예측 분석을 가능하게 함으로써 온라인 평판 관리를 혁신하고 있다. AI는 방대한 양의 데이터를 분석하여 개별 고객 선호도와 행동을 효과적으로 파악할 수 있다. 이렇게 개인화된 접근 방식은 고객 만족도를 크게 향상해 조직 및 브랜드 평판을 개선할 수 있다.

평판 관리 작업 자동화

AI는 일상적인 평판 관리 작업의 자동화에 상당한 영향을 미치고 있다. AI는 고객 문의에 대한 리뷰 및 응답, 콘텐츠 배포를 보다 효율적으로 처리할 수 있도록 해 준다. 동시에 온라인 평판 관리 프로세스에서 인적 오류의 위험을 줄여 주기도 한다. 그러나 기업은 온라인 평판 관리 노력이 진정성과 효과를 유지할 수 있도록 AI를 통한 자동화와 인간에 의한 대응 간의 균형을 유지해야 한다.

머신 러닝은 온라인 평판 관리

정보가 이동하는 속도에 따라 대응하고 선제적으로 앞서 나가는 데 사용할 수 있는 가장 강력한 도구는 AI와 머신 러닝이다. 이러한 기술은 문제가 확대되기 전에 잠재적인 평판 문제를 예측할 수 있다. AI와 머신 러닝이 온라인 평판 관리에 영향을 미치는 몇 가지 방법은 다음과 같다.

감정 분석: 실시간으로 디지털 감정 디코딩

AI의 영향력의 최전선에는 감정 분석이 있다. 이는 대중의 인식을 분석하고 해독하는 데 필수 도구다. AI 기반 감정 분석 도구는 브랜드나 개인에 대한 방대한 양의 데이터를 훑어보며 실시간으로 온라인 감정을 파악한다. 고객 리뷰의 톤을 파악하든 소셜 미디어에서의 진술을 평가하든 이러한 도구는 기업이 대중의 인식을 빠르게 파악할 수 있도록 해 준다. 예를 들어 기술 스타트업이 제품 출시에 앞서 평판 관리 전략의 핵심으로 감정 분석을 통합한다고 가정해 보자. 이러한 도구를 사용하여 대중의 감정을 측정하고 잠재적인 문제를 사전에 파악하면 스타트업은 온라인 토론, 소셜미디어 감정 및 고객 피드백을 모니터링할 수 있다. 이러한 사전 대응적 자세를 통해 우려 사항을 신속하게 해결하고 제품 출시 이전에 온라인상에서 긍정적인 존재감을 확보할 수 있다.

챗봇: 개인화된 참여 및 평판 향상

AI 기반 챗봇 시대로 접어들면 개인화된 참여와 평판 향상이 함께 이루어진다. 챗봇은 더 이상 단순한 고객 서비스 도구가 아니다. 챗봇은 브랜드 홍보대사로 문의 처리, 문제 해결, 심지어 긍정적인 상호 작용 형성에도 능력을 발휘한다. 24시간 연중무휴로 운영할 수 있어서 실시간으로 대응할 수 있고, 이를 통해 고객 만족은 물론 브랜드의 전반적인 평판에도 기여하게 된다.

일례로 마스터카드(Mastercard)는 원활한 계정 거래 문의를 위해 페이스북 메신저 챗봇을 사용하는데, 이는 고객 서비스를 향상하기 위한 전략의 일환이었다. 이를 통해 고객은 문의에 대한 즉각적인 응답을 받을 수 있어서 전반적인 서비스 경험이 향상된다.

고급 머신 러닝 알고리즘을 통해 챗봇은 자연어의 복잡성을 학습하고, 질의를 해석하고, 상황에 맞는 적절한 응답을 제공하게 된다. 그 결과 챗봇이 신속하고 정확하게 응답하여 조직이나 브랜드를 둘러싼 고객의 커뮤니케이션 만족도를 높여 준다.

예측 분석: 평판 문제 예상

AI의 또 다른 측면인 예측 분석은 평판 관리를 전례 없는 수준으로 끌어올린다. 과거 데이터와 사용자 행동 패턴을 분석함으로써 잠재적인 평판 문제가 무엇인지를 파악하여 문제가 되기 전에 미리 해결책을 마련할 수 있다. 문제를 예측할 수 있는 능력은 사전 조치를 취하고 위험을 완화하며 온라인 평판에 대한 긍정적인 절차를 마련하는 데 유용하다.

온라인 평판 관리의 5가지 AI 트렌드

AI는 기업 세계에 확실히 영향을 미치고 있으며, 2030년까지 AI가 미국 국내총생산(GDP)을 21% 증가시킬 것으로 예상된다. 한편, 최근 조사에 따르면 기업의 64%는 생산성을 높이고 고객 관계를 개선하는 데 AI가 일정한 기여를 할 것이라고 응답했다.

기업들이 AI를 활용해 온라인 평판 관리 프로세스를 개선하고 고객과의 상호 작용을 원활히 하기 위한 노력은 아래와 같은 5가지 특징을 보이고 있다.

AI 평판 관리-AI가 만든 응답

AI를 평판 관리 워크 플로에 통합할 수 있는 가장 생산적인 방법 중 하나는 리뷰 응답과 같이 일반적으로 시간이 많이 걸리는 작업을 간소화하는 것이다. 리뷰를 분석하고 인간과 같은 응답을 자동화할 수 있는 내장 AI 구성 요소가 있는 평판 관리 플랫폼을 사용하면 리뷰 관리에 소요되는 시간을 대폭 줄일 수 있다. AI 도구는 리뷰의 감정(좋음, 중립적, 나쁨)과 일치하는 응답을 만들고 리뷰에 언급된 특정 제품이나 서비스를 참조하여 각 개인이 실제 상황처럼 느끼도록 응답해 준다.

AI 기반 로컬 검색

평판 관리의 중요한 부분은 로컬 검색 엔진 최적화(SEO)를 사용하여 검색 결과에서 비즈니스의 가시성을 높이는 것이다.

구글의 검색 생성 경험(Search Generative Experience, SGE)은 AI를 사용하여 검색 결과를 생성해 주는 시스템이다. 사용자가 검색 쿼리를 수행하면 SGE는 웹사이트 링크 목록을 제공하는 대신 쿼리에 대한 대화형 답변을 형성하고 관련 이미지나 비디오를 제공해 준다. SGE 결과가 작동하는 방식을 감안할 때, 사용자가 검색 결과와 다르게 상호 작용할 가능성이 매우 높은데, 이는 구글 비즈니스 프로필과 웹사이트를 최적화하는 규칙이 변경될 수 있음을 의미한다.

SGE와 AI가 로컬 검색 엔진 최적화 관행을 어느 정도로, 그리고 얼마나 빨리 변화시킬지는 불분명하지만, 이러한 검색 도구가 발전하는 속도와 기업 비즈니스에 미치는 영향을 파악하여 기대치와 전략을 조정하는 것이 바람직하다.

AI 기반 실시간 고객 피드백

고객 피드백과 설문 조사는 평판 관리의 또 다른 핵심 요소이다. 이를 통해 비즈니스에 대한 고객 만족도를 측정하고 무엇에 더 주의를 기울여야 할지, 또는 무엇을 수정해야 할지를 파악하여 고객 경험과 고객 충성도를 개선할 수 있다.

AI 기반 실시간 피드백 도구는 피드백 요청 시 항시 개입하여 데이터에 빠르게 액세스하게 되며, 비즈니스 인텔리전스와 대응성을 높일 수 있다. 이 접근 방식을 사용하면 구매 과정의 모든 단계에 대한 통찰력을 얻고, 발생하는 고객의 문제점을 파악하고, 고객 경험을 개선하여 보다 우호적인 사업 평판을 구축할 수 있다.

AI 기반 채팅 도구

디지털 세상에서 고객이 빠른 답변을 원할 때 전화나 이메일로 응답하는 것은 적절한 방법이 아니다. 고객이 질문이나 문제가 있을 때 즉각적으로 고객과 대화하는 것은 고객의 회사에 대한 믿음을 증진할 수 있고 긍정적인 평판을 만드는 데 도움을 준다.

지금까지 챗봇은 기업에서 일선 고객 서비스의 한 형태로 사용되어 왔다. 그러나 AI와 머신 러닝 알고리즘이 활용되면서 챗봇이나 AI 도구가 브랜드나 비즈니스의 진정한 수단으로 활용되고 있다. 분명한 설명과 진정한 브랜드 언어를 사용하여 고객과 상황에 맞는 대화를 나눔으로써 고객들은 로봇과의 대화를 실제 사람과 대화하는 것처럼 느끼기도 한다.

물론 고객과의 소통을 채팅봇에 의존하는 것이 위험하다는 견해가 없는 것은 아니다. 특히, 제공하는 가치의 대부분이 직접적인 고객 관계 형성을 중요시하는 소규모 지역 사업체인 경우는 더욱 그렇다. 하지만 인간의 참여가 가능하지 않거나, 효율적이지 않거나, 선호되지 않는 상황에서는 AI 기반 채팅 도구가 즉각적이고 원활한 참여를 가능하게 해 긍정적인 고객 경험을 제공하고 비즈니스 평판을 강화할 수 있다.

AI 강화 온라인 모니터링

조직이나 브랜드 평판은 고객이 온라인에서 어떻게 평가하느냐에 따라 형성된다. 따라서 소셜 미디어와 타사 리뷰 사이트를 포함한 채널 전반에서 고객이 무엇을 말하고 있는지를 정확히 아는 것은 온라인에서 원하는 이미지를 형성하는 데 필수적이다. 예를 들어 누군가가 소셜 미디어에 댓글을 달거나 리뷰를 남길 때마다 여기에 참여하여 브랜드 스토리를 전하고 특정 브랜드 메시지를 강화할 수 있다. 따라서 소셜 미디어 계정을 모니터링하고 리뷰를 추적하며 대화에 참여하고 대화의 결과를 자신에게 유리하게 이끄는 것은 매우 중요하다.

기술의 발전으로 온라인 모니터링이 훨씬 원활해지면서 실시간으로 조직 및 브랜드에 대한 여론이 어떻게 전개되는지를 분석할 수 있다. 사전 예측 능력이 있는 AI 도구는 조직이나 브랜드가 위치한 온라인 환경을 조사하고 고객이 말하는 내용을 바탕으로 적절한 대응을 할 수 있도록 해 준다. AI 도구의 이러한 사전 대응적인 접근을 통해 위기나 변화에 효과적으로 대처할 수 있게 되었다.

오늘날 많은 AI 기반의 플랫폼은 간소화된 워크 플로와 생성형 인공지능 기술을 통해 고객 리뷰와 피드백을 수집, 모니터링하여 응답하고, 전환율과 수익성을 높이고, 고객 경험을 최적화할 수 있도록 해 준다. 또 AI 기술이 SMS(문자 메시지) 마케팅과 같은 도구와 결합해 고객과의 소통을 빠르고 개인별 맞춤형으로 가능하게 해 조직과 브랜드에 대한 고객의 관심과 충성도를 높이고 있다.

참고문헌

Burton, J.(2025). AI And Online Reputation Management: Five Trends For Brands To Keep Top Of Mind In 2025. https://www.forbes.com/councils/forbestechcouncil/2025/01/06/ai-and-online-reputation-management-five-trends-for-brands-to-keep-top-of-mind-in-2025/

Eslamboli, M.(2023). The Impact Of AI On Online Reputation Management. https://www.forbes.com/councils/forbesagencycouncil/2023/12/04/the-impact-of-ai-on-online-reputation-management/

Hartman, S.(2023). 5 AI Trends in Online Reputation Management. https://gatherup.com/blog/5-ai-trends-in-online-reputation-management/

09
위기관리와 AI

AI를 통한 자동화된 위기관리 시스템은 부정적인 감정의 급격한 증가나 잘못된 정보의 빠른 확산과 같은 잠재적 위기 징후를 조기에 감지할 수 있게 해 준다. 이를 통해 조직은 문제가 확대되기 전에 신속히 대응하여 피해를 경감할 수 있다. 아울러 AI 기반 시뮬레이션은 다양한 위기 시나리오를 모델링하여 복잡한 상황을 분석하고 효과적으로 대비할 수 있도록 해 준다.

AI와 화장품?

위기관리 계획 구성 요소

위기관리 계획의 원활한 실행을 위해 아래의 6가지 요소를 고려해야 한다.

위험 분석

위험 분석은 모든 위기관리 계획의 기초다. 잠재적 위험을 식별하고 이의 발생 가능성을 파악하고 콜센터 또는 고객 서비스에 미치는 영향을 평가해야 한다.

적절한 응답

각 위험은 한 가지 이상의 대응책을 마련해야 한다. 여기에는 건물 대피, 사업 연속성 구현, 이해관계자와의 소통과 같은 조치가 포함될 수 있다. 또 콜센터를 통한 대응 전략을 개발할 때 윤리적, 법적 측면을 고려하여 모든 것이 기업의 철저한 통제 아래 진행되어야 한다.

구현 프로토콜

위기 상황에서 단계별 실행 계획을 구체적으로 정해야 하며, 여기에는 각 팀원의 책임과 사용할 커뮤니케이션 채널에 대해서도 결정해야 한다.

커뮤니케이션 전략

위험 상황에서는 조직 내·외부를 대상으로 하는 소통이 필수적이다. 직원/고문, 고객, 파트너, 미디어 등을 대상으로 구체적인 커뮤니케이션 계획을 수립해야 하며, 이는 조직의 이미지와 평판에 영향을 미친다.

위기 이후 평가

발생한 위기 상황이 종료되면 위기로부터 학습한 교훈과 개선 영역을 파악하기 위한 평가를 실시해야 한다. 모든 사람의 피드백은 문서화해야 하며 신중하게 활용하여 위기관리 계획을 업데이트하고 프로세스를 조정해야 한다.

내부 위기관리와 AI

AI는 내부 위기관리에서 점점 더 중요한 역할을 수행하고 있는데, 대규모 데이터 분석, 예측 모델링 및 프로세스 자동화 기능을 통해 조직의 회복력과 위기로 인한 피해를 최소화하는 데 탁월한 능력을 발휘하고 있다.

위험 탐지 및 분석

AI는 소셜 미디어, 내부 및 외부 데이터베이스, 실시간 데이터(및 통화) 피드 등 다양한 소스의 데이터 신호를 식별하는 데 활용된다. AI 시스템은 머신 러닝 알고리즘을 사용하여 추세를 파악하고 이상을 감지하며 중대한 상황이 발생할 가능성을 정확하게 분석해 준다. 이 경우 콘택트 센터 내에서 AI 알고리즘을 통해 통화 변동을 모니터링하거나 통화 피크를 예측해 준다.

신속한 의사 결정

위기 상황에서는 신속한 결정이 피해를 최소화하고 조직 안정을 회복하는 데 무엇보다도 중요하다. AI는 심층 분석, 개인화된 권장 사항, 예측 시나리오를 제공하여 리더와 관리자가 최상의 선택을 하도록 돕는다. 일례로 AI 시스템은 다양한 정책 옵션을 평가하고 잠재적 결과를 추정하여 의사 결정권자가 위기관리를 위한 최선의 선택을 할 수 있도록 해 준다. AI는 리소스 할당이나 팀 조정과 같은 반복적인 의사 결정 작업을 자동화하는 데에도 유용하게 활용된다. 고객의 요청이 급증하는 상황에서 AI는 모든 채널(챗봇, 소셜 네트워크, 이메일, 문자 메시지 등)에서 고객에 대한 응답을 자동화하여 사람의 부담을 줄여 주고 다른 중요한 고객 요청을 해결하는 데 집중할 수 있도록 해 준다.

정보 및 커뮤니케이션 관리

AI는 정보 흐름을 분석하고 필터링하고, 신뢰할 수 있고 검증된 소스를 식별하고, 내부 및 외부의 다양한 대상에게 일관된 맞춤형 메시지를 전달하는 데 활용된다. 예를 들어 AI 기반 챗봇은 고객 및 자문가의 우려 사항을 해결하고 즉각적인 업데이트를 할 수 있도록 해 준다. 또 의미 분석 도구는 온라인 대화를 모니터링하고 대화에 참여한 사람이 잘못된 정보를 공개하는 경우 신속하게 조치를 취하도록 해 준다.

학습 및 지속적인 개선

AI의 강점은 여전히 고급 분석 기능에 있다. 위기가 발생한 후에는 성과를 보고하여 미래 위기에 대한 대비를 강화할 수 있도록 해 준다. 예를 들어 머신 러닝 알고리즘을 사용하여 위기 발생 징후와 행동 패턴을 식별하여 미래 위기를 예측하고 이에 따른 전략 조정을 가능하게 해 준다.

위기 대응을 위한 5가지 AI 방법

전 세계적으로 치명적인 위기 사례 수가 2차 세계 대전 이후 가장 높게 나타나고 있다. 특히 기후 재해의 빈도와

강도가 증가하고 있다. 이러한 위기 상황에 대한 신속하고 적극적인 대응은 인간의 생명을 구하고, 비용을 절감하고, 회복 시간을 단축할 수 있게 해 준다. 이를 통해 지역 사회가 더 빨리 정상으로 돌아갈 수 있게 된다.

다른 기술과 마찬가지로 AI 도구와 시스템은 시장 주도적이며 민간 부문의 요구에 따라 확산되고 있다. 인도주의 및 개발 부문에서 AI를 비즈니스 프로세스에 통합함으로써 효율성을 극대화하는 방법을 지속적으로 테스트하고 있다. 민간 부문의 더 많은 리소스와 전문 지식은 이 프로세스의 확장을 가속화하고 있다.

유엔개발계획(UNDP)이 현재 AI를 위기 대응을 위해 어떻게 활용하고 있는지, 그리고 미래에는 어떻게 활용할 것인지를 살펴보고자 한다.

실시간 디지털 영향 평가

위기의 여파 속에서 피해와 영향에 대한 시기적절한 데이터는 필수적이다. 유엔개발계획 위기국(CB)은 지진으로부터 영향받는 지역, 인구, 인프라, 잔해 추정치 및 토지 사용에 대한 빠른 통찰력을 제공해 주는 지리 정보 시스템(GIS)을 개발했다. 이 시스템은 구조 및 복구 계획 수립을 위한 핵심 구성 요소로 자리 잡았다.

AI로 구동되는 신속 디지털 평가(Rapid Digital Assessment, RAPIDA)는 지리 정보 시스템 도구를 기반으로 구축되었는데 위성 이미지, 소셜 미디어 및 야간 조명 데이터를 활용하여 위기 이후 실시간으로 인사이트를 공유한다. 예를 들어 아프가니스탄의 헤라트 지역 지진 이후 RAPIDA는 대면 평가를 위해 영향을 받은 위치를 한정하는 데 유용하게 쓰였다. 이를 통해 시간 절약은 물론 접근하기 어려운 외딴 지역에 대한 귀중한 데이터를 얻을 수 있었다. 또 건축 자재 및 구조물 치수에 대한 정보를 추가하여 손상된 주택과 잔해 톤수를 추정할 수 있었다.

적합한 인력 배치

위기 상황에서는 현장에 적합한 인력을 배치하는 것도 중요하다. 유엔개발계획에서 개발한 인력 배치 플랫폼 에바AI(EVA.ai)는 전문성, 가용성, 현장과의 근접성, 언어 및 유사한 임무 경험을 고려하여 가장 빠른 시간 안에 유용한 자원을 현장의 요구 사항에 맞게 배치할 수 있다.

이 시스템은 올해 로스터에 2450명 이상의 인력을 배치한 조직에 절대적으로 필요한 시스템이었다. 전문가들은 시리아, 우크라이나, 바베이도스와 같은 지역에서의 위기 상황을 포함하여 150개 이상의 유엔개발계획 사무소에 시스템을 지원했다.

맞춤형 학습 경험

조직으로서 위기에 대비하려면 지속적인 업스킬링이 필수다. 유엔개발계획의 위기 아카데미는 엄격한 지원 절차를 거쳐 선발된 유엔개발계획의 위기 대응 전문가(중견~상위 직원)를 양성하기 위해 맞춤형 교육 및 학습 기회를 제공하고 있다.

비동기 온라인 과정과 실시간 및 직접 교육 외에도 아카데미는 학습 경험을 개선하기 위해 AI 기술을 테스트하고 있다. 최근 뉴욕에서 개최된 신속 대응 교육에서 증강 현실을 활용한 몰입형 위기 시뮬레이션을 개발하여 참가자가 위기의 피해와 영향을 가상으로 평가할 수 있도록 했다. 마찬가지로 이 도구는 배치 전 브리핑, 국가 스냅샷, 보안 및 의료 요구 사항과 같은 주요 리소스의 가상 '배낭'을 꾸리는 데 활용될 수 있다.

위기 임무에 대한 디지털 비서

노련한 위기 대응자는 시간적 압박 속에서 프로그램 문서를 작성하면서 올바른 정보를 찾는 것이 얼마나 어려

운지를 알고 있다. 산업 전반에 걸쳐 자원 동원, 프로젝트 문서 작성 또는 기부자와의 커뮤니케이션 등의 주요 작업은 AI 기술의 도움으로 더 효율적으로 수행할 수 있다. 여기서 핵심은 AI 기술을 정확하고 적절하게 교육하는 것이다.

주요 문서를 호스팅하는 것 외에도 이 플랫폼에는 정보에 빠르게 액세스할 수 있도록 돕는 AI 챗봇과 프로젝트 문서 및 대응 전략을 준비할 수 있도록 돕는 조종사가 포함되어 있다. 조종사는 더 많은 정보를 제공함에 따라 지속적으로 개선되고 있다.

선제적 위기관리

유엔개발계획은 조기 경보 시스템에 투자하여 위기관리를 사후 반응적 위기관리에서 선제적 위기관리로 전환하고 있다. 유엔 개발 계획의 위기 위험 대시보드는 과거 및 실시간 데이터를 미래 지향적 위험 예측과 결합하여 국가 사무소에 위험을 모니터링, 분석 및 시각화할 수 있는 중앙 집중식 플랫폼을 제공한다. 대시보드는 AI를 활용하여 데이터를 정리, 분석, 요약해 준다.

이 도구는 위험이 확대되기 전에 위험을 예측하고 핫스팟을 식별해 주며 특정 맥락과 프로그램 요구 사항에 따라 특정 환경과 요구에 맞게 최적화해 준다. 스리랑카에서는 위기 리스크 모니터링 시스템(Crisis Risk Dashboard)를 사용하여 증오 표현, 종교적 폭력 및 거시 경제 문제를 모니터링하는 반면 에콰도르에서는 이주 및 강제 이주를 추적하고 있다.

참고문헌

Blin(2024). AI for Incident Response: Benefits, Challenges & Best Practices.

Firstup(2024). Effective crisis communication starts with this. https://firstup.io/blog/effective-crisis-communication/

Lark Editorial Team(2024). AI In Crisis Management. https://www.larksuite.com/en_us/topics/generative-ai-in-the-workplace/ai-in-crisis-management

Nixxis(2024). AI: a game-changer in crisis management. https://www.nixxis.com/ai-a-game-changer-in-crisis-management/.

Ramiah, D.(2024). 5 ways AI can help crisis response around the world. https://www.weforum.org/stories/2024/12/5-ways-ai-can-help-crisis-response/

10
AI와 관련된 주요 질문들

오픈AI의 챗지피티 또는 마이크로소프트의 빙과 같은 대규모 언어 모델(LLM)은 진실한 답변과 브랜드 이미지 일관성을 유지하기 위해 어떤 보호 장치를 마련해야 할까? 어떻게 AI 모델을 훈련하는 데 사용하는 데이터 세트가 편향적이지 않도록 할까? AI로 인해 발생할 수 있는 개인 정보 침해 위험성은 어떻게 나타날까? AI가 인간의 일자리를 대체하는 현실은 실제로 나타날 것인가? 우리 조직에서 개발하거나 사용하는 AI가 인간에게 피해를 끼치거나 인권을 침해하지 않도록 하기 위해서는 어떤 장치를 마련해야 할까?

종교와 AI?

내부 커뮤니케이션과 AI의 과제

인공지능은 내부 의사소통을 보다 효율적이고 개인별 맞춤형으로 할 수 있도록 해 주고 있지만 아래와 같은 몇 가지 해결 과제도 제시하고 있다.

데이터 프라이버시 및 보안

AI 시스템이 대량의 데이터를 수집하여 기계적으로 처리함으로써 기밀성을 손상할 수 있기 때문에 개인의 프라이버시와 개인 정보의 안전한 관리가 무엇보다도 중요한 문제로 대두되었다. 그래서 AI 시스템에서의 데이터 암호화, 정기적인 시스템 감사, 잠재적인 취약점에 대한 지속적인 모니터링과 같은 강력한 사이버 보안 조치의 구현이 중요해졌다. 또 민감한 정보를 보호하고 직원의 신뢰를 유지하려면 일반 데이터 보호 규정(GDPR)과 같은 국제 규정을 준수하는 것이 필수다.

직원의 채택 및 교육

기업에서 AI를 도입하는 과정에서 공통의 장애물이 존재한다. 그것은 바로 내부 구성원들의 AI 기술 도입에 대한 저항이다. 그것은 많은 직원이 새로운 기술에 대해 불안감을 느끼고 있고, AI로 인한 업무의 자동화가 자신들의 역할을 대체할 수 있다는 두려움을 느끼고 있기 때문이다.

세일즈포스(Salesforce) 연구에서는 다음과 같은 의미 있는 결과를 제시해 준다. 즉, 응답자의 38%는 이미 자신의 업무에 생성 AI를 사용하고 있거나 사용할 계획을 수립하고 있으며, 62%는 이러한 기술을 안전하고 효율적으로 사용할 수 있는 기술이 부족하다고 응답했다. 또 70%는 회사에서 AI 교육 프로그램을 제공하지 않는다고 답했다.

이러한 과제를 극복하려면 조직이 내부 구성원들에게 지속적인 교육 기회를 제공해야 한다. 이는 직원들이 새로운 도구에 적응하는 데 도움을 줄 뿐만 아니라 새로운 기술 도입에 따른 자신감을 회복하는 데도 중요하다.

정보의 신뢰성

데이터 신뢰성은 여전히 내부 커뮤니케이션에서 중요한 문제 중 하나다. AI를 사용할 때 오류나 오해를 피하기 위해 정보 출처를 확인하는 것은 필수다.

챗지피티(ChatGPT)와 같은 일부 AI 도구는 사용된 정보의 출처를 추적하고 지정하는 검색 기능이 포함되어 있다. 이를 통해 데이터를 보다 효과적으로 검증할 수 있다. 제미나이(Gemini) 및 퍼플렉시티(Perplexity)와 같은 다른 설루션도 이러한 측면에서 탁월한 능력을 지니고 있는데, 명확한 답변, 신뢰할 수 있는 참고 자료, 데이터 출처의 투명성 등을 실현해 주고 있다.

기업은 내부 커뮤니케이션의 정확성과 신뢰성을 보장하기 위해 직원들이 정보를 검증하고 출처를 비판적으로 평가하는 도구에 대한 교육을 실시해야 한다.

기존 시스템과의 통합

인공지능 도구를 기존 내부 커뮤니케이션 시스템에 통합하는 것은 어려운 과제가 될 수 있다. 호환성 문제는 종종 워크 플로 및 운영 프로세스에 상당한 조정을 요구하며, 종종 일시적인 중단 문제를 야기하기도 한다. 시스템 간의 통합을 성공적으로 실행하기 위해서는 다음과 같은 사항이 필수적이다.

- 사전 감사를 실시하여 비호환성을 파악
- 전문 기술 통합 팀과 협업
- 핵심 사업 영역을 우선시하여 AI를 점진적으로 구현
- 헌신적인 팀

효율적인 통합은 일상 업무의 중단을 피할 수 있을 뿐만 아니라 새로운 AI 도구가 조직의 전략적 자산이 되는 것을 돕는다.

적합한 도구 찾기

조직에 적합한 AI 도구를 선택하는 것은 AI 관련 기술이 진화하는 속도 때문에 지속적인 과제가 되었다. 즉, 빈번한 릴리스와 다양한 옵션으로 인해 각 비즈니스 요구사항에 가장 적합한 설루션을 선택하는 것이 조직으로서는 쉽지 않은 과제 중 하나다.

이 작업을 단순화하려면 다음과 같은 전문적인 리소스를 활용하는 것이 좋다.

-퓨처피디아(Futurepedia): 최신 AI 도구를 수집, 정리하여 기능과 사용법을 비교할 수 있음
-툴리파이(Toolify): 특정 비즈니스 목표에 가장 잘 부합하는 도구를 식별하는 데 도움이 되는 직관적인 디렉토리임

두 옵션 모두 회사가 자사의 특정 목표에 가장 적합한 옵션을 찾는 데 유용하게 활용할 수 있다.

효과적인 프롬프트 만들기

인공지능 도구에서 생성된 결과의 질적 수준은 프롬프트라고 알려진 쿼리의 공식화 정확도에 따라 달라진다. 명확하고 잘 구성된 프롬프트를 설계하는 것은 애플리케이션 활용의 극대화를 위해 중요하다. 결과를 개선하기 위해 회사는 다음을 수행할 수 있다.

- 효과적인 프롬프트를 만드는 방법을 팀에 교육
- 프롬프트를 개선하기 위해 시행 착오 방식을 장려
- 인공지능(AI) 및 내부 커뮤니케이션[Inteligencia Artificial(IA) 및 Comunicaciȯn Interna] 통합

조직이 프롬프트 작성 교육에 적극 투자하는 경우 그 결과로 데이터와 결과의 질적 수준이 크게 향상될 수 있다.

알고리즘 편향과 윤리적 문제

AI 기술이 직면한 가장 큰 문제점 중 하나는 알고리즘 편향성이 지속되는 것이다. 편향된 데이터로 학습된 알고리즘은 불공평하거나 차별적인 결과를 생성할 수 있으며, 이는 내부 커뮤니케이션에서 중대한 문제를 노출할

수도 있다. 조직은 다음과 같은 조치를 통하여 데이터의 편향성 문제를 해결해야 한다.

-편견을 식별하고 완화
-알고리즘이 학습하는 데이터의 정기적 감사 수행
-투명성 보장: AI 설루션이 어떻게 개발되고 구현되는지 내부 구성원들에게 공개
-책임감 강화: AI 시스템이 생성하는 결과와 기업에 미치는 영향에 대한 책임 강화

AI를 윤리적으로 사용하려는 노력은 문제를 피할 수 있게 하고 사용되는 도구에 대한 직원들의 신뢰를 증진할 수 있게 해 준다.

문화적 저항

AI 기술 도입의 성공 여부는 조직 문화에 따라 다른 결과를 나타낸다. 조직 문화가 혁신을 지지하지 않거나 AI의 목적과 이점에 대한 명확한 소통이 부족한 경우 조직 내부 구성원들은 새로운 기술 도입에 저항적일 수 있다.

AI의 주요 장점

AI는 여러 산업에 상당한 이점을 제공하여 생산성을 높이고, 더 나은 의사 결정을 가능하게 하며, 혁신을 촉진하기도 한다. 아래는 AI가 다양한 산업에 가져다주는 주요 이점이다.

효율성과 생산성 향상

AI는 반복적이고 시간이 많이 걸리는 작업을 자동화하여 인간이 좀 더 복잡하고 창의적인 활동에 전념할 수 있도록 해 준다. 제조 분야에서 로봇은 조립 라인을 고속 및 정밀하게 처리하여 생산 시간을 단축한다. 물류 회사는 AI 기반 경로 최적화 도구를 통하여 배송 시간과 연료 소비를 최소화한다. 고객 서비스 분야에서 AI 챗봇은 일상적인 문의를 즉각적으로 처리하여 대응 시간을 개선하고 인간의 업무 부담을 줄여 준다.

24/7 가용성 및 지속적인 운영

인간과 달리 AI 시스템은 중단 없이 작동하여 지속적인 서비스를 가능하게 해 준다. 이 기능은 AI 기반 모니터링 시스템이 환자를 24시간 내내 추적하고 의료진에게 비상 상황을 경고하는 의료 분야에 적합하다. 마찬가지로

AI 챗봇은 24시간 고객 지원 서비스를 제공하여 사용자 만족도를 높이고 기업이 시간에 구애받지 않고 전 세계 고객과 소통할 수 있도록 해 준다.

인적 오류 감소

AI는 정확한 알고리즘과 미리 정의된 규칙을 따름으로써 인적 오류 가능성을 줄여 준다. 금융 분야에서 AI 알고리즘은 인간의 주의를 끌 수 있는 거래의 불규칙한 패턴을 식별하여 사기 행위를 감지한다. 항공 분야에서 자동 조종 시스템은 엄격한 프로토콜을 준수하고 조종사의 오류를 최소화함으로써 더 안전한 비행을 보장해 준다.

데이터 수집 및 분석

AI는 인간보다 훨씬 빠르게 방대한 양의 데이터를 처리하고 분석하여 숨겨진 추세와 인사이트를 발견한다. 마케팅 분야 AI 기반 분석 도구는 고객 행동과 선호도를 추적함으로써 기업이 소비자 개인별 맞춤형 정보를 통해 마케팅하게 해 준다. 또 AI 시스템은 브라우징 패턴과 구매 내역을 분석하여 스트리밍 플랫폼과 전자상거래 웹사이트에서 개인화된 추천을 강화한다.

비용 절감 및 확장성

노동 집약적 작업을 자동화함으로써 AI는 운영 비용을 절감하고, 기업은 리소스를 보다 전략적인 영역으로 재할당할 수 있게 된다. 일례로 소매업체는 AI를 사용하여 재고 관리를 최적화하고 보관 비용을 절감할 수 있다. 금융 분야에서 AI는 대출 승인 및 사기 행위를 자동으로 탐지해 줘 인간의 수동적 개입을 줄여 준다.

AI 시스템은 또한 기업이 운영을 손쉽게 확장할 수 있도록 해 준다. 전자상거래 기업은 휴일이나 성수기에 추가 인력 고용 없이 수요 증가를 처리하기 위해 AI를 활용한다. 이러한 확장성으로 인하여 기업은 역동적인 시장에서 경쟁력을 유지하고 수익성을 유지할 수 있게 된다.

향상된 안전 및 위험 관리

AI는 위험을 예측하고 사전 개입을 가능하게 하여 안전을 강화해 준다. 자율 주행차는 AI를 사용하여 도로 상황을 모니터링하고 실시간으로 사고를 방지해 준다. 의료 분야에서 로봇 수술 도구는 인적 오류를 최소화하여 보다 안전한 치료를 가능하게 해 준다. 석유 및 가스 산업에서 AI는 장비 고장을 예측하고 사고를 방지하기 위해 예방적 유지 관리를 가능하게 해 준다.

편견 없는 데이터 중심 의사 결정

AI 시스템은 의사 결정을 위해 데이터 기반 알고리즘에 의존함으로써 인간의 편견이 개입될 가능성을 줄여 준다. 일례로 기업의 채용 과정에서 AI 기반 도구는 개인적 편견보다는 기술에 초점을 맞춰 후보자를 객관적으로 평가하도록 해 준다. 금융기관은 AI를 사용하여 신용상의 위험을 공정하게 평가하여 대출 여부를 판단할 수 있다.

지속적인 학습 및 개선

머신 러닝 모델은 지속적인 학습을 가능하게 해 시간이 지남에 따라 AI 시스템의 능력을 증대해 준다. 생성형 AI가 새로운 데이터와 피드백을 기반으로 적응함으로써 그 성능이 지속적으로 향상되는 것이다. 예를 들어 스트리밍 서비스의 추천 엔진은 사용자와의 상호 작용을 학습함에 따라 시간이 지남에 따라 보다 정교해진다.

개인화 및 향상된 사용자 경험

AI는 개인 선호도에 따라 개별적 추천을 제공함으로써 사용자의 만족도를 향상해 준다. 넷플릭스(Netflix)와 스포티파이(Spotify)와 같은 스트리밍 플랫폼은 AI를 사용하여 사용자 취향에 맞는 콘텐츠를 제안해 주고 있다. 전자상거래에서 AI 기반 추천 엔진은 검색 기록과 구매 행동에 맞춰 제품을 선보임으로써 만족도를 높여 준다.

혁신과 새로운 가능성

AI는 산업 전반에 걸쳐 새로운 가능성을 촉진하여 혁신을 실천하고 있다. 의료 분야에서 AI는 분자 구조를 분석하고 잠재적 치료법을 식별하여 약물 발견을 가속화한다. 창의적인 분야에서 AI 도구는 예술, 음악, 문학을 생성하며 인간 창의성의 경계를 넓혀 준다.

AI는 효율성 증가, 24시간 중단 없는 서비스 체계, 데이터 중심 의사 결정 등 수많은 이점을 통하여 전 세계 산업을 혁신하는 반면 인간 일자리 대체, 개인 정보 보호 문제, 윤리적 딜레마를 포함한 적지 않은 문제점을 노출하고 있다. AI의 잠재력을 최대한 활용하려면 기업과 사회 모두 혁신과 책임 있는 거버넌스 간의 균형을 맞춰 나가야 한다. 윤리적 프레임워크를 확립하고, 투명성을 증진하고, 인력 재교육 투자를 늘려 가는 것이 AI의 문제점을 극복하는 데 필수다. 기술적 발전을 사회적 가치와 일치시킴으로써 AI가 긍정적인 변화의 원동력이 되도록 하고 개인과 커뮤니티의 웰빙을 지원하면서 진보를 이끌 수 있도록 해야 할 것이다.

참고문헌

Oxean(2024). 8 key challenges of artificial intelligence in internal communication and how to solve them. https://oxeancross.com/en/blog/8-key-challenges-of-artificial-intelligence-in-internal-communication-and-how-to-solve-them/

Pratt, M. K.(2025). Advantages and disadvantages of AI explained. https://www.techtarget.com/searchenterpriseai/tip/Top-advantages-and-disadvantages-of-AI

tableau(n.d.). What are the advantages and disadvantages of artificial intelligence (AI)?. https://www.tableau.com/data-insights/ai/advantages-disadvantages

오창우

계명대학교 광고홍보학과 교수다. 독일 보쿰대학교에서 언론학 박사 학위를 받았다. 여러 광고 및 PR 관련 학회에서 연구이사, 총무이사, 기획이사를 역임했다. 현재는 새로운 자본주의 아래 광고와 PR의 사회적 책임 이행과 공적 가치 실현에 관심을 가지고 한국 사회의 잘못된 마케팅 관행을 고발하고 이를 학문적 성취로 연결하기 위해 노력하고 있다. 저서로 『국제PR 기획과 사례』(편역서, 2014), 『PR학 원론』(공저, 2014), 『홍보론』(공저, 2015), 『로빙』(2015), 『마케팅이 강한 병원』(2016), 『연필로 쓰는 광고기획론』(2018), 『생산적 갈등론』(2018, eBook), 『소셜미디어와 기업의 평판관리』(2019), 『마케팅과 윤리』(2021), 『퍼블릭 어페어즈』(2022) 등이 있다. 논문으로는 "미디어체계의 폐쇄성과 현실 구성의 항상성"(2012), "PPL 효과 측정을 위한 방법론적 탐색"(2014), "사회적 자본으로서의 PR"(2016), "한국에서의 사회갈등 논의의 의미연결망 분석"(2017), "공중의 심리적 기저 '인정받기'의 개념적 논의"(2017), "니클라스 루만의 분화이론으로 본 사회의 기능체계로서 스포츠, 움직임의 철학"(2018, 공동), "환경이슈의 정치화에 관한 연구"(2020, 공동) 외 다수가 있다.